이제는 대기업이 아니라 강소기업이다

이제는 대기업이 아니라 강소기업이다

초판 1쇄 발행 │ 2021년 2월 3일
초판 3쇄 발행 │ 2022년 10월 20일

지은이 손영배
책임편집 손성실
편집 조성우
디자인 권월화
일러스트 신병근
용지 월드페이퍼
제작 성광인쇄(주)
펴낸곳 생각비행
등록일 2010년 3월 29일 │ 등록번호 제2010-000092호
주소 서울시 마포구 월드컵북로 132, 402호
전화 02) 3141-0485
팩스 02) 3141-0486
이메일 ideas0419@hanmail.net
블로그 www.ideas0419.com

이 책의 수익금 중 일부는 청소년과 청년들의
진로 모색에 도움을 주는 일에 사용됩니다.

이제는
대기업이 아니라
강소기업이다

손영배 지음

위드·포스트 코로나,
뉴노멀 시대의 희망 찾기

연일 거르지 않고 방송되는 코로나19 뉴스로 지구촌이 하루도 조용할 날이 없다. 총만 들지 않았을 뿐 전 지구가 전쟁 중이다. 2020년 우리나라 연간 국내총생산GDP 성장률이 −1%로 집계됐다. 1998년 외환위기 당시 −5.1% 이후 22년 만에 처음으로 역성장을 기록했다고 한다.

코로나19 사태는 극심한 취업난을 초래했다. 취업자의 감소 폭이 2008년 금융위기 수준을 넘어섰다. 취업을 포기하는 청년들도 급증하는 추세다. 비경제활동인구 가운데 특정한 이유 없이 쉬어야 했던 인구 가운데 20대가 전년 대비 25.2% 늘어 전 연령대에서 가장 높은 증가율을 보였다.

학교에서 오랫동안 진로지도를 담당해온 나로서도 이런 코로나 사태는 예측하거나 대응하기가 버거운 상황이었다. 2020년에 특성화고의 취업 환경이 날로 어려워지는 것을 실감했다. 코로나19의 지역 확산에 대응하여 등교 수업과 온라인 수업이 그때그때 맞춰져야 하는 숨 가쁜 변화 속에서 학력 격차를 걱정하는 교육계의 깊은 고민을 나 또한 체감했다. 그 와중에 비대면 온라인 강의 형태로 다양한 선생님들의 진로지도 관련 연수를 맡아 교육하기도 했다. 신종 감염병의 시대에 들어선 후 하루하루가 어려움과 변화의 연속이었다.

코로나19 사태가 길어지며 많은 기업들이 정기 채용의 문을 닫고 있다. 꿈과 희망, 취업을 포기하는 청년들의 사정과 고민이 뉴스뿐 아니라 유튜브 등을 통해서도 자주 드러난다. 어느 날 나는 유튜브에서 BTS의 민윤기(슈가)가 V라이브 중 채팅창에 올라온, 꿈을 포기했다는 어느 팬의 고민을 진중한 얼굴로 들여다보는 모습을 지켜보고 있었다. 잠시 후 조용히 이어진 그의 답변에 나도 그만 울컥했다.

"과감한 포기는 엄청난 용기입니다. 그리고 수고 많으셨어요. 파이팅!"

따뜻하게 진심 어린 위로를 던지는 그에게 그 팬이 얼마나 많은 위로를 받았을까 싶었다. 한동안 우리 사회는 꿈을 외쳤다. 학생들에게도 꿈을 가져야 한다고 했다. 그러다 보니 꿈은 강박이 되기도 했다. 그때 아이들은 꿈이 없다는 사실로 고민에 빠졌다. 그런데 지금은 꿈이 없어도 괜찮다 한다. 왜 이런 일들이 벌어졌을까?

아마도 처음에 꿈을 외쳤을 때는 무기력하고 방황하던 당시와 미래의 사회구성원을 위한 외침이었을 것이다. 목표가 있으면 앞으로 나아가기가 좀 더 쉬워지니까. 그러나 꿈을 갖는 것도 강박이 되면 오히려 고민거리가 된다. 그렇다고 꿈을 포기하는 것이 인생을 포기하는 것으로 이어져서도 안 된다. 인생을 사는 데 정답은 없다. 나는 많은 실패와 좌절과 성공의 경험을 통해 정해지지 않은 자기만의 답을 찾아가는 것이 인생이라고 생각한다.

태어난 모든 날이 다른 것처럼, 각자 가진 능력도 성격도 생각도 다르기에 모두가 한 방향으로만 가는 것은 무리가 따른다. 그런데 아직도 무조건 대학을 가야 한다는, 타의적인 목표를 세우고, 대기업 취업이나 공무원이 되는 길만이 꿈이라고 고집하는 사람들이 있다. 그렇게 수년간 어렵사리 공부하고 바늘구멍 같은 시험을 통과해 공무원 생활을 시작한 지 6개월도 못 버티고는 자기 길이 아니라고 나온다면, 이건 너무 심한 인생의 낭비가 아닐까?

안타깝다는 말 외에 달리 표현할 방법이 없다. 나는 취업을 앞두고 고민에 빠진 여러분에게 이 책을 통해 남들이 이야기하는 그런 길 말고도 선택할 수 있는 다양한 선택지가 있다는 희망을 보여주고 위로를 해주고 싶었다.

많은 이들이 선망하는 대기업, 공기업, 공무원 등의 취업처는 불과 4%가 안 된다. 그런데도 그런 곳에 들어가지 못하면 '이번 생은 망했어!' 하며 세상을 다 산 사람처럼 의욕을 잃고 마는 젊은이가 적지 않다. 나는 눈 양옆이 안대로 가려진 채 마부가 인도하는 대로만 달리는 말과 같은 처지에 있는 청년들에게, 시각을 바꾸면 괜찮은 취업처가 정말로 많다는 사실을 보여주고 싶었다. 이제는 자신의 적성과 능력에 맞추어 직업을 찾고, 그 직업의 전문성을 높이기 위한 진짜 공부를 하고 진짜 일을 찾을 때다.

직업과 직장을 보는 가치관과 시각은 시대의 흐름에 따라 변하기 마련이다. 제4의 물결이라는 4차 산업혁명 시대의 흐름 속에 뜬금없는 불청객으로 등장한 코로나19로 인해 오늘날 젊은이들은 위드·포스트 코로나, 뉴노멀 시대를 고민해야 하는 숙제가 남았다. 그들이 직업을 찾는 데 이 책이 조금이나마 도움이 되길 바라는 마음이다.

'삼포세대, 오포세대, 이생망' 등의 신조어가 옛말처럼 들릴 정도로 급변하는 시대지만, 시각을 달리해 '워라밸'과 '소확행'을 누리며 3~4마리 토끼를 한 번에 잡으며 성공하는 젊은이들도 늘고 있다. 이 책에 수록된 사례들은 여러분과 비슷한 나이에 비슷한 고민을 하는 사람들의 생생한 이야기다. 그들의 취업과 인생 여정 역시 현재진행형이다. 그러나 이들의 이야기가 여러분의 인생이라는 그림을 그리는 데 참고가 되고, 위로가 되고, 희망이 될 수 있기를 기대해본다.

영종도 은골 서재에서
손영배

전문성 소통·협력 도전정신
원칙·신뢰 열정 창의성

CHAPTER
3 / 직업 시대를 아는 사람들, 레벨 업!

직업의 시대, 이제 '진짜 일'을 하라

1

일자리 전쟁의 서막

5년 전쯤으로 기억한다. 어느 날 급히 교육청을 가느라 택시를 잡아탔다. 거리가 좀 되는 터라 택시 운전기사와 여담을 나눴다. 사회 돌아가는 이야기, 취업 이야기 등등을 하던 중에 40대 초반도 안 되어 보이는 택시기사가 말했다.

"저도 잘나가는 중소기업에 다녔어요. 때 되면 월급 잘 나왔죠. 보너스도 600 정도 받았거든요. 대충 한 달에 500 정도는 벌었는데⋯. 그렇게 몇 년 직장 다니다 보니 제 능력으로 더 좋은 데도 갈 수 있겠다는 생각이 드는 거예요. 결국 직장 상사와 주변 동료들이 말리는데 마다하고 나왔죠. 그러고는 이렇게 택시 운전해요. 허허허!"

얘기하는 그의 목소리에 아쉬움이 깊이 스며 있었다.

"그렇게 괜찮은 직장을 왜 나오셨어요?"

"그땐 몰랐죠. 제가 잘난 줄 알고 남들이 이름도 모르는 그런 회사가 아니라 좀 번듯한 직장을 쉽게 구할 줄 알았어요. 근데, 그게 아니더라구요."

"예전 직장에 다시 가보시지 그러셨어요?"

"그게 되나요? 일단 퇴사를 했고, 제 자리를 이미 다른 사람이 맡아서 하고 있는데…."

이야기 나누는 중에 목적지에 도착해 내리는 나에게 운전기사가 웃으며 잘 가라 인사를 했지만, 그의 씁쓸한 미소가 가슴에 남았다.

인생사가 모두 제 뜻대로 될 수는 없다. 하지만 그 운전기사가 직장을 나오기 전에 미리 발품을 팔아 가고 싶은 기업들에 관한 정보, 그리고 자신의 능력을 객관적으로 판단할 수 있었더라면 어땠을까 하는 아쉬움이 남았다.

"뭐든지 때가 있어. 때를 놓치면 뭘 하든 힘든 거여."

예전에 할머니께서 해주신 말씀이다. 학생은 공부가 일이라며 공부하라 하실 때 놀기 바빠 당신 말을 안 들으면 귀에 딱지가 앉도록 연거푸 해주신 이야기였다. 여기서 중요한 사실은 '공부'만 때가 있는 것이 아니라는 점이다.

'취업'도 때가 있나. 요즘은 공부보다 취업을 먼저 해야 하는 세상이 돼버렸다. 취업을 하고 나면, 공부는 필요에 따라 직장 다니면서 대학을 가거나 사이버대학을 활용할 수도 있다. 요즘은 직장에서 직원 교육이 필요하다는 인식을 많이 하고 있기 때문에 경제적·시간적 지원을 해주면서 관련 대학을 권하기도 한다. 하지만 좋은 곳에 '취업'하기가 점점 힘들어지는 추세다.

2019년 들어 나도 제자들의 취업 문제로 고민이 깊어졌다. 전년도에 비해 약 10퍼센트 정도 취업률이 떨어지기 시작한 것이다. 이유는 여러 가지를 찾을 수 있다. 저성장이 아니라 거의 무성장에 가까운 시기가 길어지다 보니 일자리 찾기가 점점 어려워지는 측면도 있고, 취업하려는 제자들의 눈높이와 기업이 원하는 인재상 사이에 간극이 큰 경우도 적지 않았다.

더구나 2019년 말 발생한 신종 코로나바이러스에 의한 감염병 사태의 여파가 지금까지 이어지고 있고, 과연 언제 끝날지 기약할 수 없는 상황이다. OECD 발표에 따르면 전 세계 거의 모든 나라가 마이너스 성장을 하고 있는데 그나마 우리가 상황이 나은 편이라 한다. 하지만 코로나19 상황이 장기화하며 경기가 침체되어 지금은 기업들이 거의 공개 채용을 하지 않는 추세라 취업 준비생들은 더더욱 힘들어졌다. 수시 채용하겠다고 말은 하지만 취업 희망자들은 그야말로 기약 없이 기다려야 하는 상황이라 결국 취업 포기 상태에 빠지게 하는 중요한 요인이 될 수도 있어 걱정이 앞선다.

통계청 자료에 의하면 2018년도 대학졸업자 수가 55만 5808명이었다. 이 중에 33만 2839명, 즉 전체 대학생 수의 66.7퍼센트만 취업했다. 아래 그래프를 보면 고졸자의 경우 실업자가 된 지 1년 후 다시 취업해서 실업 상태에서 탈출하는 예가 많지만, 대졸자의 경우 실업자가 된 지 1년이 지나면 다시 취업하기가 어려워지는 상황을 확인할 수 있다.

그런데 2019년 12월 1일자《머니투데이》기사를 보면 극심한 취업난 속에서 어렵게 취업문을 뚫고 들어간 1년 차 신입사원의 퇴사율이 2010년 15.7퍼센트에서 2019년 48.6퍼센트로 큰 폭으로 증가했음을 알 수 있다. 기업은 인재 선발과 육성에 많은 비용을 투자하는데 퇴사율이 점점 증가하는 상황이니 그냥 넘길 수 없는 문제다. 향후 기업의 생존과 직결되기도 하거니와 기업의 조직문화를 개선해야 하는 상황에 직면할 수도 있다. 어렵게 취업에 성공한 이들이

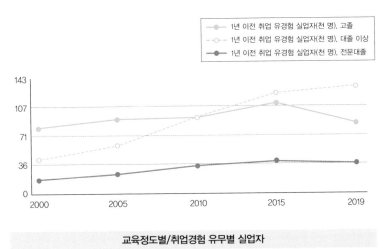

교육정도별/취업경험 유무별 실업자

자료: 통계청

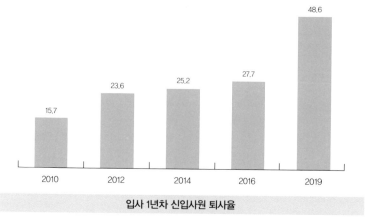

입사 1년차 신입사원 퇴사율

자료: 2010〜2016년은 한국경영자총협회 조사, 2019년은 사람인 조사

왜 1년 만에 퇴직하는 걸까?

오늘날 대부분의 직장에서 고위직을 차지하고 있는 386세대는 1980년대 학생운동과 민주화운동을 경험했으나 그 어느 때보다도 일자리를 쉽게 구할 수 있었다. 그런 그들이 이제 사회 주요직에서 기득권 세대가 되어 있다. 이들은 현재 수적으로도 청년 세대와 비교해 훨씬 많은 일자리를 차지하고 있을 뿐 아니라 상명하복식 수직적 조직문화를 주도하고 있는 세대이기도 하다. 반면 지금의 청년 세대는 돈보다는 일과 삶의 균형Work and Life Balance을 의미하는 '워라밸'과 직무 만족도 등을 중요하게 생각한다. 이들은 개인주의 성향이 강하며 수평적 의사소통에 익숙한 소위 밀레니얼 세대다.

이렇게 성향이 다른 두 세대가 상사와 직원으로 만나니 어려움이 따를 수밖에 없다. 가정을 포기했다 싶을 정도의 과도한 업무량과

적은 연봉, 그리고 옳지 않다고 생각해도 상사의 뜻에 따르는 것이 당연했던 예전의 조직문화도 이제 시대의 변화에 맞추어 개선되어야 한다. 1년 차에 퇴사하는 신입사원의 심정이 오죽했으면 그럴까 싶기도 하지만, 청년 세대 또한 어려운 취업의 관문을 뚫고 들어간 회사가 뜻에 맞지 않는다고 바로 퇴사하기보다는 다른 방법으로 문제를 해결할 수는 없는지, 자신의 요구를 회사에 제시하고 이를 반영할 방법은 없는지 적극적으로 모색할 필요가 있다고 본다. 뜻을 같이하는 사람들과 연대하여 퇴사가 아닌 다른 방안을 찾는 것도 가능할 것이다.

시대의 변화를 반영하면서 조직 내부의 문제를 해결하고 긍정적인 변화를 이루려면 기성세대와 밀레니얼 세대 양측의 양보와 조율 과정이 반드시 필요하다. 코로나19의 세계적 대유행이 경제에 미치는 영향은 실로 어마어마하다. 기존의 상상을 넘어서는 일이 펼쳐지면서 경제적 불안감도 높아지고 있다. 앞으로 일자리 전쟁은 더욱 심각해질 전망이다. 경제적 안정은 개인 생활과 사회적 안정에 지대한 영향을 끼친다. 지금 같은 위기 상황에서는 무엇이 중요한지 살펴보면서 현명한 판단을 해야 할 때다.

2

착각에서 벗어나자

코로나19의 먹구름이 전 세계를 휩쓸면서 경제가 날개
없는 추락을 이어가고 있다. 세계에서 방역의 모범 사례로 꼽히는
우리나라조차도 2020년 2분기 경제성장률이 −3.3퍼센트로 외환
위기 당시인 1998년 1분기(-6.8%) 이후 22년 3개월 만에 가장 낮은
수치를 보였다.

　다른 나라의 상황은 훨씬 심각해서 영국이 −18퍼센트, 프랑스가
−14퍼센트, 미국이 −9.9퍼센트, 일본이 −8.5퍼센트 수준의 경제

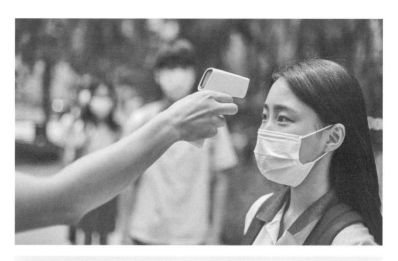

비대면 온라인 수업과 등교 수업이 학교의 상황에 맞춰 이뤄지고 있다. 코로나19는 우리의 일상과 교육의 풍경을 뒤바꿔놓았다.

성장률이 예측되었다. 아무리 우리가 선방했다고 해도 수출이 줄어드는 만큼 기업에서는 고용을 줄여 손해분의 간극을 메우려고 할 가능성이 크다. 이와 같은 경제 위축은 실업률을 높이는 견인차 역할을 하게 된다. 어쩌면 우리는 1998년 외환위기 때에도 경험하지 못한 극심한 경제적 어려움과 갖가지 고난을 눈앞에 두고 있는 상황인지도 모른다.

얼마 전 모 교수님과 통화하면서 취업이 말할 수 없이 어렵다는 말과 함께 자녀 둘을 취업시킨 경험을 생생하게 듣게 되었다.

양질의 일자리는 부족하고, 공무원 시험에 '올빵'하는 공시족이 급증하고 있어 대졸 이상 비경제활동 인구가 400만 명을 육박한단다. 비정상인 무한 실업이 상상을 초월하고 있다는 얘기다. 또한 졸업 후 취업을 하지 못한 청년이 154만 1000명으로 최근 12년 만에 최대치를 나타내고 있다며 취업문을 앞에 둔 제자들을 걱정하셨다.

2021년 교문을 나서는 졸업 시점의 대학생 취업률 통계가 아직 정확히 나오지는 않았지만, 졸업생들이 원하는 정규직이 10~20%가 될지 모르겠다며 안타까움을 표하셨다. 이것이 실제 현장에서 느끼는 취업 현실이다. 지금은 대학을 나와도 직업을 구하기 어렵다. 졸업해도 자의 반 타의 반으로 놀 수밖에 없는 상황이 벌어지는 것이다. 이런저런 사회적 문제에 대해 걱정하다가 자연스럽게 주변 취업 희망자들과 자녀들의 취업 이야기로 넘어가게 되었다.

교수님 자녀의 주변 친구들 중 서울대에 지원했다가 떨어져 서울에 있는 다른 명문대에 간 학생이 있었다. 머리가 좋아 경영계열에서 수석 수준이었다. 토익은 기본 930점대 이상의 실력을 갖췄으나 2년째 취업을 못 해서 '멘붕'에 빠졌다고 한다. 또 서울 내 다른 명문대 전기전자공학부 학생 역시 2년째 백수 상태로, 이번에도 떨어지면 어떻게 해야 할지 모르겠다며 걱정에 빠졌다고 한다.

교수님의 아들 근황이 궁금해 여쭈었더니 머뭇거리다 취업이 됐다는 소식을 전해주셨다. 왜 교수님이 머뭇거리나 싶었는데, 주변에 취업이 안 되어 속상한 사람들이 많다 보니 자식 자랑하는 것 같아 마음이 불편한 탓이었음을 이야기를 들으면서 알 수 있었다. 축하드리며 그 과정을 여쭈었다. 아들이 서울 시내 모 대학 사회계열이어서 걱정이 컸다고 한다. 취업이 어려운 전공이지만 600대 1의 경쟁률을 뚫고 들어갔으니, 고진감래(苦盡甘來)라고 노력의 결과가 빛을 본 셈이다. 다행히 전공과 100% 일치하고 워라밸도 양호한데다 직무에 만족하며 월급까지 만족할 수준으로 받는단다. 딸도 수천 명의 지원자 중 20명 내외를 뽑는 외국계 회사에 취업이 되었다기에 그 비결을 여쭈었다.

두 자녀는 각각 지원서를 150장 이상 썼다고 했다. 똑같은 지원서가 아닌, 각각 다른 회사에 넣는 지원서를 그 회사가 원하는 인재상에 맞추어 150장 넘게 쓴 것이다. 거의 다섯 달 가까이 매일 밤 새벽 2~3시까지 지원서 작성에 공을 들였다고 했다. 그런데도 처음엔 줄줄이 떨어졌단다. 보통 기업에서는 최소의 절차로 1차 서류심사를 하고, 2차, 3차의 실무면접을 통과해야 하며, 4차, 5차로 임원면접까지 거쳐야 하니, 기본적으로 5~6차례의 심사 과정을 거친다고 했다. 시험을 보는 기업은 2차와 3차 단계에 3~5시간 동안 인적성과 실무에 관한 시험을 거쳐야 한다. 서류심사에 합격하고도 5~10곳의 기업에서 수십 차례의 일반면접과 임원면접 및 시험을 경험했다. 그리고 나서야 겨우 제대로 된 면접 답변의 노하우를 터득했고, 시험의 출제 경향과 문제를 분석할 수 있을 만큼 자기소개 및 이력서 작성에 대한 개념이 생기더란다. 시험에 임해서 경험하고 떨어진 만큼, 그리고 취업에 실패한 이유를 분석하고 수정을 거친 만큼 노력하고서야 취업을 위한 노하우 아닌 노하우가 생긴 것이다.

기본적으로 지원 서류 통과 과정부터 경쟁률이 수백 대 일은 기본이란다. 요즘 같은 경우엔 1000대 1을 넘는 경우도 종종 있다고 했다. 그런 과정을 거치고 150건 이상의 지원서를 스스로 작성해보고서야 겨우 취업이 이루어졌다.

그런데 주변을 보니 지원서를 100건 이상 쓰는 일을 실천에 옮긴 사람이 예상 외로 적더란다. 나름대로 이유는 있었다. 일단 10~20곳 정도의 기업에 지원 서류를 넣은 후 불합격하면 자격조건, 면접연습, 서류작성 등 합격 준비를 철저히 다시 하고서 지원하겠다는 핑계로 물러서는 것이었다. 그러나 이런 행동은 취업을 위한 이력서를 수없이 써보고 합격한 경험자가 보기엔 세상을 모르는 철없는 행동으로 느껴지더란다. 아까운 시간의 낭비로 보이는 것이다. 합격하려면 지원 경험과 실패에 대해 분석하고 수정하면서 결과적으로 합격 통보가 가능할 정도의 횟수만큼 지원해봐야 한다는 것이 그분이 경험하고 내린 결론이었다. 이를 보면 준비만 하다가 정작 중요한 취업의 기회를 놓치고 마는 지원자가 많다는 사실을 알 수 있다.

2020년 5월 통계청이 100대 지표에서 보여준 청년실업률이 10.2퍼센트를 넘었다. 그리고 6월에는 10.7퍼센트를 넘겼다. 7월에는 9.7퍼센트로 좀 줄어든 것으로 나오지만 전체적인 그래프 현황을 볼 때 누적되는 실업자 위로 대졸 실업자가 쌓여갈 뿐 많은 사람이 원하는 일자리가 확 늘어날 기미는 보이지 않는다. 더구나 이 실업률은 대학에 재학 중인 사람, 군복무자, 공무원 시험 준비생 등이 빠진 통계 자료다.

앞서 얘기했지만 코로나19로 인한 팬데믹pandemic 사태가 핵폭탄 수준으로 전 지구를 덮었다. 전 세계가 경제적 위기를 겪고 있는 상

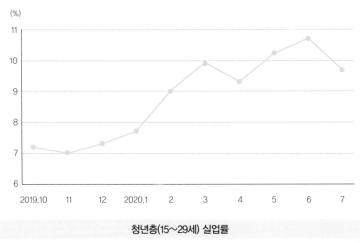

(%)

청년층(15~29세) 실업률

자료: 통계청

태여서 기업들은 공채를 포기하고 수시로 필요한 인재를 뽑겠다고 밝혔다. 결국 실업 사태는 더욱 가속화, 장기화할 가능성이 크다.

따지고 보면 역사 속에서 인간 사이에 경쟁이 없는 시대는 없었다고 봐도 무방하다. 앞으로도 경쟁이 완전히 사라진 사회를 기대하기는 어렵다. 초등학교 이전부터 대학 졸업 때까지 그렇게 오랜 기간 노력하고, 스펙도 부모와 함께 힘을 모아 수년을 준비한다. 그런데 채용을 해야 하는 기업의 입장에서 보자면 학벌 좋은 사람, 스펙 좋은 사람은 널리고 널렸다. 인사 담당자가 찾는 대상은 기업이 원하는 인재상과 맞으면서 실제적인 업무를 하는 데 적합한 능력을 갖춘 사람이다.

2019년 8월 1일자 《매일경제》에 기고한 최병일 경제경영연구소 책임연구원의 말에 따르면 OECD에서 시행한 역량평가 결과 우리나라 청년들의 역량은 편차가 크지 않고 대체로 우수하다고 한다. 이런 이들이 원하는 일자리는 겹치는데 일자리 수는 한정되어 있으니 경쟁이 치열해질 수밖에 없다.

또한 대기업이든 중소기업이든 기업 입장에서 원하는 유형의 인재는 부족한 형편이다. 반면 취업 희망자 입장에서는 기대만큼 연봉이 높고, 워라밸을 이룰 수 있는 좋은 일자리는 없는 형편이다. 이렇게 따져볼 때 엄밀히 말하면 '일자리가 없다'는 말은 정확한 표현은 아닌 셈이다.

기업이 이윤 창출에 적합한 인재를 원하는 것은 당연하다. 어떤 사업을 하느냐에 따라 원하는 인재상이 다르고 채용하는 사람의 특성도 다를 수밖에 없는데, 정작 취업자 입장에서는 똑같다는 착각을 많이 한다.

자동차 회사가 뽑고자 하는 인재와 화장품 회사가 뽑고자 하는 인재가 다른 건 너무나 당연한 결과다. 화장품 회사로 국한하더라도 판매직 직원과 연구직 직원은 요구되는 역량과 기질도 다르다. 판매직이라도 외국인을 상대해야 하는지 내국인을 상대해야 하는지에 따라 채용 기준이 달라질 수 있다. 외국인을 상대하더라도 아랍계 여성과 동양계 여성 중 주로 누구를 상대하게 되느냐에 따라 기업이 원하는 인재는 확연히 달라질 수 있는 것이다.

어느 기업에 들어가기를 원한다면 그 기업이 원하는 인재상을 알아야 한다. 그런데도 취업 희망자가 쓰는 지원서의 내용은 천편일률적인 경우가 많다. 여러분이 기업의 면접관이라면 자신이 진취적이다, 성격이 좋다, 열심히 하겠다, 적응을 잘할 수 있다 등등의 말로만 채운 지원서를 보고 과연 뽑고 싶겠는가? 기업은 황금알을 낳는 거위를 원할까 아니면 스펙이나 학벌이 우수한 고학력자를 원할까?

기업은 그 기업에 맞는 인재를 가려내는 능력을 갖춘 사람을 면접관으로 고용하고 있으니 유지되고 있는 게 아닐까? 취업 희망자 입장에서는 남들만큼 스펙을 갖추면 된다고 생각할지 몰라도, 기업에 필요한 인재를 뽑는 면접관 입장에서는 완전히 다른 관점에서 볼 수 있다는 사실을 알아야 한다는 얘기다.

자신이 들어가고자 하는 기업의 특성을 고려하고 적합한 지원서를 써야 하는데, 겨우 몇 군데 지원해본 경험으로 제대로 된 지원서를 쓸 수 있을 리 없다. 확률적으로도 많이 써보면 써볼수록 적합한 회사가 걸릴 확률도 올라간다. 그런데 과연 그렇게까지 시도하고 경험해봤는가? 채용되지 않고 떨어졌다면 왜 낙방했는지 원인을 명확하게 분석하고 점검해봤는가?

고작 지원서 몇 번 넣어보다 떨어지면 의기소침해지면서 자격증 좀 따고 스펙을 보완해서 다시 덤비겠다며 대개 물러선다. 하지만 생각해보자. 자격증을 따고 스펙을 쌓는 그 시간 동안 과연 그 기업이 나를 기다려줄까? 인생은 영화가 아니다.

한 가지 가정을 해보자. 세계 태권도 선수권 대회 금메달리스트와 길거리 싸움꾼이 싸운다면 과연 누가 이길까? 결론은 센 사람이

이긴다. 센 사람이 태권도 금메달리스트가 아닐 수도 있다. 룰에 의한 싸움이 아니라면 실전 경험이 많은 싸움꾼이 유리할 수 있다. 취업을 위한 지원서도 면접도 결국 실전이다. 실전을 많이 치러본 사람이 확률적으로 취업에 유리한 것은 어쩌면 당연한 일일 것이다.

취업이 점점 어려워지는 상황과 달리, 좋은 기업에 취업하고 싶다는 꿈을 꾸는 취업 희망자들과 부모님들 중에는 참으로 답답한 착각에 빠져 있는 경우를 많이 본다. 좋은 대학에 가면 뭔가 되겠지 하며 무조건 입시에 '올인'하고 보자는 착각이 첫 번째다. 대학에 들어가고 난 이후에는 남들과 같은 조건과 스펙을 갖추면 어디든 날 불러주겠지 하는 착각이 두 번째다. 남들처럼 조건을 갖췄으니 입사하면 다른 사람들만큼 잘할 수 있겠지 하는 착각이 세 번째다.

우리 속담에 '열 번 찍어 안 넘어가는 나무 없다'는 말이 있다. 그러나 취업의 문이 점점 좁아지고, 코로나19와 같은 예기치 않은 상황까지 겹쳐 더 어려워진 세상에서는 도끼질 열 번이라는 행위 자체보다는 찍어야 할 나무를 탐색하고 그 나무에 맞춰 효율적인 벌목 방법을 찾는 능력이 생존에 필수적인 역량이 아닐까?

취업에 대한 이야기를 들으면 분명 도대체 "언제까지 노력해야 하냐"며 "노력, 노력, 노오오력만 요구하는 헬조선!"이란 불만을 제기하는 사람도 있을 것이다. 그러나 자신이 취업하려는 기업을 제대로 찾고 그에 맞춰 진심으로 노력했는지가 관건이다. 이와 어긋난 노력이라면 결실을 보지 못할 뿐 아니라 하소연한들 의미 없는 메아리가 될 뿐이다. 취업하려는 자, 이제 착각에서 벗어날 시간이다.

3

창업·창직·창작,
삼창三創이 뜨고 있다

지난 2014년 영국 명문 대학인 옥스퍼드 대학교는 '10년 후 사라질 직업, 없어질 일' 702개 업종을 분석하고 그중 47퍼센트가 사라질 것이라고 발표했다. 세계 최고의 미래학자인 토머스 프레이는 2030년까지 인간의 일자리 40억 개 중에서 20억 개가 사라질 것이라고 했다. 또한 세계적인 컨설팅 기관인 매킨지는 "대부분의 일자리는 인터넷 때문에 사라질 것이다. 대신에 26억 개의 새로운 일자리가 탄생할 것"이라 하여 기존의 일자리가 사라지지만 새로운 기술,

새로운 산업에 의한 일자리가 지속적으로 탄생할 것을 예고했다.

2015년 9월 30일자 《글로벌이코노믹》 기사를 참고한 내용이다. 불과 5년 사이에 우리는 사물인터넷, 빅데이터, 드론과 같은 새로운 기술로 인해 사라진 일자리를 보았다. 놀라운 기술이 바꿔놓은 편리한 일상 뒤에는 새롭게 생긴 관련 직업들이 자리하고 있다. 우리는 이미 스마트폰을 사용해 밖에서 집의 보일러를 조절하고, 집에 홀로 남겨진 반려견을 돌보기도 하며, 청소로봇에게 청소도 시킨다. 사물인터넷이 일상생활 깊숙이 스며든 풍경이다.

코로나19 사태가 벌어지면서부터는 확진자가 발생하면 빅데이터와 AI 등을 활용해 감염이 우려되는 동선을 확인하여 전 국민에게 알려준다. 새로운 감염병은 우리를 위태롭게 하지만 그 와중에 우리는 생활 속 방역을 실천하며 수업도 하고, 회사 업무도 보고, 각종 상담도 한다. 또한 물건을 사고팔기도 하고, 예금도 하고, 세금이나 재산세도 낸다. 달라진 모습은 이 모든 것이 비대면으로 자연스럽게 이뤄지고 있다는 점이다.

코로나19 상황이 길어지면서 방콕 세계에 빠진 전 세계 사람들은 자연 다큐멘터리나 예능 프로그램, 각종 음악 프로그램, 운동경기, 그리고 다양한 드라마와 영화를 집에서 보는 일이 늘었다. 빅데이터와 AI는 우리의 기호를 분석하여 다음 볼거리를 추천해주기도 한다. 드론 역시 우리의 일상에 파고들어 다양한 방법으로 활용된다. 코로나19 예방법조차 드론을 활용해 하늘 높은 곳에서 홍보하기도 한다. 택배나 방제 작업에 드론이 이용되는 것도 현실화되었다.

넷플릭스는 사용자들로부터 얻은 데이터를 기반으로 취향을 예측하여 개인별로 적합한 콘텐츠를 제공한다. 추천 알고리즘 덕분에 넷플릭스는 세계적인 스트리밍 서비스로 성장할 수 있었다.

감염병 확산이 우려되는 일부 대형병원에서는 현관 입구에서 체온을 측정하거나 문진하는 일을 로봇이 대신하고 있다. 우리는 이를 신기하게 여기기보다 아주 자연스럽게 받아들이고 있다. 누군가의 직업이나 일자리가 없어졌다는 생각을 미처 하지 못하는 경우가 늘어나는 것이다. 또한 인스타그램, 유튜브 같은 새로운 플랫폼의 활용도가 전 세계적으로 높아지면서 우리의 일상도 변화하고 있다.

양방 또는 한방적 의료 지식, 반려동물 양육법, 각종 요리법, 어학 공부, 컴퓨터 기기 조립이나 프로그래밍, 그림 그리는 방법, 다양한 악기 연주법 등등 여러분이 알고 싶고 배우고 싶은 게 있다면 인스타그램이나 유튜브를 이용해 관련 정보와 영상을 찾아 공부를 시작하고 따라해볼 수 있다. 수많은 정보가 존재하기에 조금 노력하고 집중한다면 전문가 뺨치는 수준까지도 이를 수 있다.

이뿐만이 아니다. 새로운 플랫폼에는 창업이나 창직과 관련된 다양한 정보가 엄청나게 쌓여 있다. 이런 정보를 제공하는 이들은 전문 직업인이 아니라 자발적으로 참여하는 셀 수도 없이 많은 일반 크리에이터들이다. 유튜브를 통해 무수히 많은 창직, 창업, 그리고 창작이 일어나고 있다. 비단 유튜브 크리에이터만이 아니라 스마트폰과 PC 모두에서 볼 수 있는 웹툰을 만드는 작가, 웹소설을 쓰는 작가도 요즘 뜨는 창작 활동을 통해 '창직'한 사례라고 할 수 있겠다.

내가 아는 웹소설 작가가 있다. 자신이 가진 재능이 무엇인지도 모른 채 7년이란 긴 시간을 남들 하는 대로 공무원 시험에 쏟았건만 계속 되는 낙방에 의기소침하던 와중에 글쓰기에서 자신의 재능을 발견하여 지금은 수십만 독자를 보유한 작가가 되었다. 인터넷 소설 웹사이트인 '조아라'에 글을 올린 지 얼마 되지도 않은 상태에서 첫 작품부터 계약이 이루어질 만큼 판타지 소설 작가로 탄탄한 입지를 쌓아올렸고 지금도 글쓰기에 매진 중이다. 경제적 어려움이 해소되었음은 말할 필요도 없다.

다른 분야에서 창업한 청년의 사례도 있다. 평범하게 생활하다 청주대학교로 진학한 후 1학년 때 입대하여 군복무를 마치고 나서 복학을 앞두고 잠깐 알바를 했다. 그런데 이 청년은 그 일에서 아이디어를 얻어 복학을 포기하고 물류업에 과감히 뛰어들었다. 코로나19로 인해 어려운 시기이지만 창업한 회사를 잘 이끌어나가고 있다.

이 두 사람이 자신의 길을 찾게 된 경위에 관해서는 3장에서 상세히 다루고자 한다. 이처럼 기성세대보다 컴퓨터와 모바일 환경에 친밀한 어린 학생들과 젊은이들이 비즈쿨 등 다양한 지원 시스템을 활용해 큰 자본을 들이지 않고 기발한 아이디어만으로 창업이나 창직을 하는 사례가 점점 늘고 있다.

지금까지 소개한 내용들의 공통점이 보이는가? 사람들의 관심이 모이지 않거나 필요성이 부각되지 않는 분야의 직업은 사라지고 있고, 관심이 모이고 필요성이 인식되는 분야에서는 새로운 직업이 하루가 멀다 하고 생겨나고 있다는 것이다.

내가 어릴 때는 지금 PC방의 원시 버전이라 할 수 있는 오락실이 있었다. 기계에 50원이나 100원짜리 동전을 넣고, 왼손으로는 조이스틱을 전후좌우로 움직이며 방향 전환을 하고, 오른손으로는 버튼을 눌러가면서 총을 쏘아 표적을 맞히는 겔로그라는 게임을 했다. 그것만으로도 아주 만족하고 신기해하던 시절이 있었다. 그런데 컴퓨터의 성능이 점차 좋아지고, 온라인 게임을 즐기기 위한 PC방이 생기기 시작하면서 사람들의 관심을 잃은 오락실은 자취를 감췄다.

세상이 발달하면서 나아가는 만큼 숱한 직업이 역사 속으로 사라지기도 하고 또 생겨나기도 한다. 이 또한 자연스러운 섭리일 것이다. 그러므로 사람들이 흥미를 갖거나 필요로 하는 부분은 늘 경제와 직업으로 연결된다고 보는 것이 맞지 않을까? 앞으로도 그럴 것이다.

세상의 변화에 민감히게 빈응하고 적응하는 데는 역시 젊은 사람들이 재빠르다. 그리고 젊은 사람들을 중심으로 창업, 창직, 창작하는 사람들이 점점 늘어나고 있다. 나는 창업, 창직, 창작을 묶어 삼창三創이라고 표현해봤다. 이 삼창의 사례를 3장에서 상세히 다루려고 한다.

한 사람이 하나의 직업만 갖는 시대는 이미 지났다. 직장생활을 하면서 에어비앤비를 운영하는 사람도 있고, 프리랜서가 본업이면서도 서브로 유튜브를 운영하는 사람도 있다. 한편 스마트 스토어에서 자신의 관심사를 살려 킥보드 같은 상품을 판매하는 사람도 있고, 비대면 서비스가 각광을 받는 시대적 흐름 속에서 온라인 상담사가 되는 등 창직의 사례는 무궁무진한 형태로 늘고 있다. 한 사람이 두세 개의 직업을 가지는 경우가 점점 늘어나고 있는 것이다.

새로운 길을 가는 데 왜 어려움이 없겠는가? 남들이 걷지 않은 길을 걷는다는 것은 어느 날 아침 일찍 일어나 소복이 쌓인 눈 위에 발자국을 남기며 걷는 것과는 달리 즐겁기만 한 일은 아닐 것이다. 창직, 창업, 창작의 길을 걷는 이들 중 상당수가 경험 부족 같은 이유로 실패를 거듭하기도 한다. 그러나 의기소침하지 않고 용기 내어 자신이 가고자 하는 길, 자신의 재능에 맞는 길을 찾아 꿋꿋이 나아가기를 바라는 마음을 담아 모두에게 응원의 메시지를 보낸다. 내게 힘이 되었던 명언이다. 여러분에게도 힘이 되길 바란다.

"나의 성공은 중도에 그만두지 않고 한 가지 일에 매달려 지속적으로 노력하는 능력 덕분이다."

– 에디슨

4

4억 벌기 프로젝트

고졸 출신으로 대기업 현장직 직원으로 입사해 가끔 안부를 물어오는 제자와 전화로 이야기를 나누던 중이었다. 입사한지 벌써 11년이 넘었다면서 어느 날 같이 근무하는 동료 중에서 자기 또래의 대졸자 사무직 직원과 자신의 이력을 지금까지 얻은 수익과 기회비용을 중심으로 비교할 기회가 있었단다. 호기심이 생겨 그 내용을 보내달라고 했더니 흔쾌히 보내주었다.

이 내용을 모든 취업 희망자를 대상으로 일반화하기는 어렵겠지

만, 진로 탐색으로 고민 중인 이들에게 유익한 참고 자료가 될 수 있

다는 생각이 들어 허락을 구해 다음과 같이 표로 정리해봤다.

대기업 11년 차 김 고졸(현장직)			같은 나이의 이 대졸(사무직)		
연도	내용	금액(만원)	연도	내용	금액(만원)
2006년 12월	고졸 후 회사 취업	0	2007년 3월	고졸 후 대학 입학	0
2007년 8월	군입대 전 급여 총수령액	2,700	2007년 8월	입학금 + 학비	-500
	기숙사비 월 3만 원, 사내식당 한 끼 500원으로 부담 없음	-98		월 자취 비용 (40만 원, 6개월)	-240
2008~2009년	군 생활 중 연차 미사용 수당	100	2009년 9월 복학 ~ 12월까지	학비	-350
2009년 7월 제대 ~2009년 12월	총수령액	2,800		원룸 자취 월 35만 원 4개월	-140
2010년	총수령액	5,500	2010년	학비, 자취 및 교재비	-1,300
2011년	총수령액	5,800	2011년	학비, 자취 및 교재비	-1,300
	아파트 청약 당첨 및 재테크로 재산증식				
2012년		6,000	2012년	학비, 자취 및 교재비	-1,300
2013년		6,500	2013년	학비, 자취 및 교재비	-1,500
	(사내대학 입학 학비 무료)			대학교 졸업	
생산적 활동비용 총계		29,302	소비적 활동비용 총계		-6,630
	종잣돈 재테크			2013년 회사입사	
2016~2018년	학·산 협력 ○○대학교 (본인 50% 지원 50% 졸업 시까지 지원받음)	-500		학자금 대출 갚느라 여유 없음	
2020년 현재	현장직 사원		2020년 현재	사무직 사원	
	4년제 대학 졸업			4년제 대학 졸업	
	직장 경력 14년			직장경력 7년	
	자산규모: 약 7억 원			자산규모: 8000만 원	

처음 이 자료를 받았을 때 상당히 놀랐다. 이렇게까지 차이가 날 수 있다고는 예상하지 못했기 때문이다. 제자가 워낙 꼼꼼하고 계획성 있게 생활했기에 가능한 일이지 싶기도 했으나 한편으로는 '선취업 후학습'을 줄곧 외쳐온 내 주장이 이렇게 명확한 데이터로 증명되는구나 싶어 뿌듯하기도 했다. 제자의 사례 정도까지는 아닐지라도 어느 정도 기술을 갖춘 경우라면 비슷한 기간에 4억 정도 모으기는 그렇게 어렵지 않겠다는 생각이 들었다.

나는 제자에게 선취업을 해본 사람으로서 느끼는 장점을 물었다. 아래 내용은 그가 꼽은 장점들이다.

1. 20살부터 근무경력을 산정하게 되면서 기사, 기능장, 기술사 등 고급 국가자격증 응시자격이 남들보다 빠른 25살 무렵에 생겨 빠른 취득이 가능하다.

2. 군입대 시 관련 병과로 갈 가능성이 커진다. 예를 들어 입대 전 근무한 경력을 바탕으로 관련 방위산업체에서 근무가 가능하다.

3. 오랜 근속연수로 인해 취업보다 진학을 먼저 한 친구보다 유상증자를 통한 우리사주 혹은 스톡옵션을 더욱 많이 받을 수 있다.

4. 30살 때 근속연수 10년과 4년제 대학 졸업 스펙이 생겨 이직의 기회가 더욱 쉽게 주어진다.

5. 특수 대학원 진학 시 사회경력과 학사학위가 있어 더욱 쉽게

진학이 가능하다.

6. 선취업 후 일하다 보면 공부에 관심이 떨어져 진학하는 사례가 많지 않다. 그러나 공부의 필요성을 느껴 후진학하여 열심히 공부하면 직장 내 입지가 단단해진다.

7. 20살 무렵 진로를 결정하고 난 후 경제적으로 부모님으로부터 독립하게 되면서 재테크나 자산관리 등을 남들보다 빠르게 시작해 경험을 쌓을 기회가 많이 생긴다.

8. 20살 입사, 60살 정년이라면 근속 40년이 가능하다. 복지가 좋은 직장이라면 아이들의 대학 교육비 부담을 줄일 수 있다.

오래 근무하다 보면 사무직 직원의 경우 현장직으로 전환하고 싶어 하는 경우가 생긴다. 그러나 사무직은 현장직을 희망하더라도 기술이 없어 제도적으로 갈 수가 없다. 반면 현장직에 있던 직원은 본인이 원하면 사무직으로 갈 수가 있다.

사무직 직원이 현장직으로 가고 싶어 하는 이유는 대기업에서 사무직의 경우 10년 이상 장기근속이 어렵기 때문이다. 2018년 통계청의 일자리행정통계 결과를 정리한 보도자료 내용을 보면 대기업 근속연수가 7.5년으로 나온다. 가끔 언론에 10년 내외로 나오기도 하는데 이는 현장직과 사무직의 근속연수를 줄잡아 평균을 내니 그렇게 나오는 것이라는 생각이 든다. 사무직은 10년도 안 되어 퇴직하는 반면 현장직은 기술이 있어 훨씬 오래 근무를 하는데 이를 합해 평균을 내니 그렇게 나온다고 보는 것이다.

현장직이 오래 근무할 수 있는 이유는 노조에 가입되어 있기도 하고 기술자들은 시간이 지나 경험을 쌓을수록 숙련도와 업무 역량이 높아지면서 존재 가치가 커지기 때문이다. 반면 사무직의 경우에는 시간이 지날수록 AI나 자동화 흐름에 밀려 대체되는 경우가 늘어난다. 물론 현장의 기술자들이라도 일부는 자동화나 로봇 도입 같은 시대적 변화 속에서 대체되는 수도 있다. 하지만 경륜이 쌓인 기술 인력을 대체하기는 쉽지 않다. 더구나 사회적으로 숙련도 높은 기술자가 점점 줄어드는 상황이라서 상대적으로 숙련된 기술자들의 가치는 점점 더 높아지는 추세다.

앞서 소개한 제자의 사례를 보는 이들 중에는 고개를 끄덕이며 수긍하는 사람도 있겠지만 심정적으로 불편함을 느끼는 사람도 있으리라고 본다. "이건 그냥 운이 따라준 결과 아냐? 나도 노력했다구, 그래도 안 되는 경우가 있지. 나처럼!" 하고 불평을 쏟아내는 사람도 있을지 모른다. 그럴 수 있다. 정말 노력을 많이 했지만 운이 따라주지 않는 경우도 있을 것이다. 하지만 매번 운이 따르지 않는다는 불평이 통할 수는 없다. 운이나 기회마저도 우리가 스스로 만들어내는 부분이 적지 않다고 본다. '하늘은 스스로 돕는 자를 돕는다'라는 격언은 바로 이와 같은 마음을 담은 것이 아닐까?

제자의 사례를 보고 경제적인 측면만으로 '선취업 후학습'과 '선대학 후취업'의 가성비를 따질 수 있다고 오해하는 사람이 없길 바란다. 만족도와 행복이 오히려 선택에 더 큰 영향을 미칠 수 있다.

여기서는 진로 선택의 과정에 도움이 되는 하나의 예시로 고등학교 졸업 후 대학에 진학한 경우와 기술을 익혀 취업한 경우를 대비하여 제시한 것임을 이해하면 좋겠다. 선취업을 택한다고 마냥 인생이 잘 풀린다고 보는 것은 오산이지만, 사례에서 드러났듯이 노력한다면 '4억 벌기 프로젝트'를 충분히 달성할 수 있다고 본다. 경제적 안정 없이 행복을 이야기하는 것도 현실성이 없다고 볼 때, 선취업으로 안정적인 삶의 기반을 먼저 다지는 것은 좋은 삶의 선택지가 될 수 있다고 본다.

5
이제는 직職이 아니라
업業이다

나는 젊은 시절부터 노래를 무척 좋아했다. 지금도 운전할 때면 음악방송을 들으며 아는 노래를 따라서 흥얼거리는 취미가 있다. 하지만 나는 음악과 관계된 일을 직업으로 갖지는 못했다. 음치까지는 아니라고 생각하지만 남 앞에 내놓아 자랑할 만한 실력이 아닌 탓이다.

예전엔 직업職業이면 직업이지 굳이 '직職'과 '업業'을 구분하지 않았다. 구분할 필요가 없었던 까닭이다. 어디든 취직해서 일자리를 잡으면 거기서 열심히 일해 한 단계 한 단계씩 승진을 꿈꾸고, 그 직장에 마치 못이라도 박은 듯 정년까지 가는 것을 당연하게 생각하던 시절이 있었다. 이른바 평생직장平生職場이었다. 예전엔 그렇게 평생 한 회사에서 근무하다 퇴직하는 것을 자랑으로 여겼고, 장기근속 자체가 직장인의 자존감에도 상당한 영향을 끼쳤다.

내가 고등학교를 다닐 때는 선생님들이 서양과 우리의 문화 차이를 언급하면서 미국 같은 나라는 직장을 자주 바꾸면서 자신의 가치를 높이는 것을 당연하게 생각한다는 말씀을 하셨다. 우리나라는 정년까지 가지 못하고 이직을 반복하는 것을 좋게 보지 않지만, 이것도 시간이 지나면 미국처럼 변하게 될 것이라는 말씀도 잊지 않으셨다.

그분들 말씀대로 이제 우리나라는 미국과 비슷해진 느낌이다. 대기업이든 중소기업이든 10년 넘게 근무하면 사람들이 "오~ 대단해!" 하는 말을 할 정도니까. 상황이 이렇다 보니 '직업'이란 단어에 대한 성찰도 필요해졌다. 점점 직職과 업業을 구분하는 경우도 늘어나는 것 같다. 나도 이에 동의한다.

직職이란 기업 같은 직장에서의 위치나 업무상의 직책을 의미한다. 생산직이냐 사무직이냐 하는 수평적 가름을 할 때도 쓰이고, 과장이냐 대리냐 하는 수직적 가름을 할 때도 쓰인다. 그런데 이제 한 직장에서 빠르면 1년 내에, 길어봤자 10년 후면 전직 또는 이직을 하는 경우가 늘어나니, 부모 세대 때처럼 정년까지 한 회사에서 근무하면서 높은 직위나 직책까지 올라가는 데 목멜 이유가 적어지고 있다. 앞으로 안정된 직職에 대한 환상은 버리는 편이 좋다.

과거 조상들은 자신들의 바람과는 상관없이 신분에 따른 업業이 있었다. 농부는 농사를 업業으로 여겼고, 상인은 장사를 업業으로 삼았다. 신분과 업業이 한 몸처럼 붙어 있어서 벗어나기가 쉽지 않았다. 하지만 오늘날 4차 산업혁명이 진행되고 AI와 로봇 등이 인간의 일자리를 위협하기 시작한 후부터는 신분에 따라 업業에 매였던 조상들과 달리 내가 무엇을 좋아하는지 아니면 무엇을 잘하는지에 따라 택하게 될 업業이 점점 더 중요해지고 있다.

업業이란 자신이 맡은 일Work과 역할Roles을 동시에 의미한다고 얘기할 수 있다. 또한 스스로에게 주어진 소명 내지는 사명이라고 표현할 수도 있다. 가장 좋은 것은 내가 좋아하는 것과 잘하는 것이 일치하는 경우 갖게 되는 업業이지만, 그렇지 못한 경우에는 어디에 우선순위를 두어 선택하느냐에 따라 경제생활에 상당한 영향을 끼치게 된다. 나는 잘하는 것을 업業으로 삼았는데, 잘하는 것을 계속 하다 보니 지금은 즐기는 마음이 커졌다.

생각해보라! 내가 노래가 좋아 가수를 업業으로 삼았다면 과연 선천적 고음불가를 극복하고 경제적 어려움을 해결할 수 있었을까? 나 스스로 돌아봐도 그건 아니라고 본다. 나는 노래보다는 말을 더 잘하는 편이다.

얼마 전 직장 동료 덕분에 방탄소년단BTS 슈가 민윤기의 〈대취타

大吹打〉란 곡을 들을 기회가 있었다. 방탄소년단의 노래를 좋아하기는 하지만 워낙 많은 곡이 나오다 보니 10대나 20대만큼 빨리 접하지는 못하고 뒷북 감상에 빠지곤 한다. 요즘은 영상이 대세인 시대여서 그런지 '보면서 듣는 음악'이라는 말이 있다. 그 말대로 영상도 멋있고, 랩이 이렇게 힘 있고 멋진 거구나, 하고 느낀 건 처음이었다. 내 나이에도 국악을 잘 듣지 않는데 우리의 전통 국악이 이렇게 멋진 음악이었던가 하는 마음마저 들었다.

이런 음악 세계를 알게 해준 민윤기의 예를 들어 직업을 이야기해보자. 민윤기의 직職은 방탄소년단이라는 아이돌 멤버의 1인이다. 그의 업業은 편하게 말하면 음악인이라고 할 수 있겠다. 세분화해서 말하면, 래퍼, 프로듀서, 작곡가라고 할 수 있다. 그는 초등학교 고학년 시절부터 음악 가사를 쓰고 미디MIDI를 다루기 시작했고, 17살에 이미 프로듀싱을 했다. 그러니 벌써 10년이 넘는 경력을 쌓은 음악 관련 전문가인 셈이다.

여러분은 아이돌이라는 직職장인으로서의 생활이 오래갈 것이라고 보는가, 아니면 프로듀싱과 작곡 등 다양한 음악적 경력을 쌓은 업業자로서의 생활이 오래갈 것이라고 보는가? 그렇다. 직장이 아무리 바뀌어도 결국 자신이 가진 가장 강력한 능력이 통하는 업으로 평생 살아갈 가능성이 확연히 크다.

이렇게 본다면 자신의 능력 중에 업이 될 수 있는 능력이 중요하다는 생각이 든다. 그런 능력을 찾으려면 학창 시절 다양한 체험을 해보아야 한다는 이야기로 돌아갈 수밖에 없다. 업이 될 능력을 찾았다면 그 능력을 꾸준히 갈고 닦아 발전시키는 게 무엇보다 중요하다. 업에 어떤 가치가 숨어 있기에 이렇게 강조하는 걸까?

업의 가치연구소 하창호 소장은 업의 가치에 대하여 "아무나 할 수 없는 것', '새로운 것', '즐거운 것', '행복한 것'과의 만남을 의미하는 것이다"라고 말한다. 업에는 직보다 큰 의미가 있다. 그렇기에 자신의 업에 진정한 가치를 부여할 때 성공적인 삶을 만들어갈 수 있다. 생계유지뿐만 아니라 자아실현, 더 나아가서는 사회발전에도 이바지하는 것이 진정한 업의 가치인 것이다.

업의 가치를 잘 알려주는 사례로 유영만 작가가 옮긴 책,《펄떡이는 물고기처럼》에 나오는 미국 시애틀의 파이크 플레이스 시장 내 평범한 생선가게 직원들을 소개하면 좋을 것 같다. 그들은 생선가게를 방문하는 이들에게 평생 잊을 수 없는 특별한 곳으로 인식시키고, 스스로도 그 생선가게의 직원임을 자랑스럽게 여기도록 하는 문구를 가지고 있다. 업의 가치를 잘 표현한 문구라고 생각해서 여기에 소개하고자 한다.

"우리는 생선을 파는 생선가게가 아닙니다. 우리는 우리가 가지고 있는 가치를 파는 곳입니다."

그들은 스스로를 위대한 생선가게의 직원이라고 생각하고 있었고, 단지 먹고 사는 것에 매이지 않고 지역과 사회에 공헌하고 있다는 사실을 인식함으로써 자신들의 업에 가치를 부여했다. 그 가치의 표현이 성공으로 이어졌음을 확인할 수 있다. 일터와 자신에 대한 마음가짐이 평생을 이어갈 업業에 있어 얼마나 중요한지 보여주는 사례로 많은 이들이 공감하는 이유이다.

앞서 소개한 방탄소년단 멤버인 슈가 민윤기가 자신의 음악적 재능을 업業으로 삼을 수 있게 도와준 피아노와의 만남을 첫사랑으로 표현한 노래 가사가 있어 그 이야기를 해보고자 한다. 슈가 민윤기의 〈First Love〉란 곡의 가사를 보면서 나는 그의 어린 시절 피아노와의 만남이 음악적 재능을 발전시켰고, 첫사랑이라 표현할 정도로 피아노와 깊은 교감을 한 것이 지금 그가 하는 작사나 작곡, 프로듀싱 작업에 지대한 영향을 미쳤음을 알 수 있었다. 그 곡의 가사를 보고 '아, 슈가는 여기서 업의 끈을 찾고 발전시켰구나!' 하고 느꼈기에 그 가사 중 일부를 아래에 소개한다.

내 기억의 구석 한 켠에 자리 잡은 갈색 피아노
어릴 적 집 안의 구석 한 켠에 자리 잡은 갈색 피아노
그때 기억해 내 키보다 훨씬 더 컸던 갈색 피아노 그게 날 이끌 때
널 우러러보며 동경했었네 작은 손가락으로 널 어루만질 때

I feel so nice, mom, I feel so nice
그저 손 가는 대로 꺼냈던 건반 그땐 너의 의미를 몰랐었네.
바라보기만 해도 좋았던 그때

- 중략 -

그때 기억해. 까맣게 잊고 있었던 널 다시 마주했던 때
열네 살 무렵 어색도 잠시 다시 널 어루만졌지
긴 시간 떠나 있어도 절대 거부감 없이 날 받아줬던 너
Without you, I am nothing
새벽을 지나서 둘이서 함께 맞는 아침
영원히 너는 나의 손을 놓지 마. 나도 다시 널 놓지 않을 테니까

그때 기억해 나의 10대의 마지막을 늘 함께 불태웠던 너
그래 한 치 앞도 뵈지 않던 그때 울고 웃고 너와 함께였을
그 순간조차 이제는 추억으로

박살난 어깨를 부여잡고 말했지 나 더 이상은 진짜 못 하겠다고
포기하고 싶던 그때마다 곁에서 넌 말했지
새꺄 너는 진짜 할 수 있다고

이제는
대기업이 아니라
강소기업이다

1
작지만 강하고 소중한 기업, 강소기업을 찾아서

2020년 6월 30일 세종시에서 중앙취업지원센터 개소를 기념하여 전국 17개 시도의 취업지원센터장을 대상으로 하는 특강이 있었다. 교육부와 협약을 맺은 (사)자랑스러운중소기업인협의회 회원인 서린바이오사이언스 황을문 회장의 강의였다. 그것이 계기가 되어 인터뷰를 요청했다.

　　"내가 잘하는 것도 아닌데, 좋아하는 것도 아닌데, 하고 싶어 하는 것도 아닌데, 이렇게 생각하면서 그저 먹고살기 위해 직업을 선택하면 모두가 불행해집니다. 자신도 초라해지죠. 그런 마음에서 무슨 열정이 나오겠습니까?"

인터뷰 내용 중 공감하게 되는 이야기라 옮겨봤다. 서린바이오사이언스는 친환경 위생살균 솔루션을 제공하는 기업이다. '에코트리'라는 친환경 살균수 제조장치를 만든다. 이 장치는 KTX 역, 보건소, 항만공사, 식약처, 질병관리본부 등 정부 출연 연구기관, 대학 및 기업 연구소, 기업 등 다양한 곳의 위생관리에 쓰이고 있다. 서린바이오사이언스는 작지만 강하고 우리 사회에 꼭 필요한 기업, 바로 강소기업이다.

대기업에 가려서 외면받던 중소기업이 4차 산업혁명이라는 시대적 흐름, 그리고 코로나19로 인한 비대면 서비스 확산이라는 변화 속에서 재조명되고 있다. 그런데도 아직 많은 사람들이 취업을 하려고 할 때 '크다, 작다', '승자, 패자', '좋다, 나쁘다', '옳다, 그르다' 식의 이분법적 사고에서 벗어나지 못하고 있다. 취업할 기업을 고를 때 '대기업이냐, 중소기업이냐' 하는 식의 잣대를 들이대고, '월급을 많이 주느냐, 아니냐'를 먼저 따지곤 한다. 또한 '야근을 많이 하느냐, 안 하느냐', '워라밸이 되느냐, 안 되느냐', '직원 복지가 좋으냐, 나쁘냐' 등의 잣대도 있다. 그러나 나는 여러분에게 그에 앞서 묻고 싶은 게 있다.

"직업이 내 삶에서 어떤 의미가 있느냐 하는 점을 먼저 고민해야 하지 않겠습니까?"

이것은 내가 요즘 취업 희망자들이 대기업과 공무원 취업에 너무 매몰되는 경향이 있다고 이야기하면서 강소기업에 관한 인식의 개선이 필요하다고 언급한 데 대해 황을문 회장이 꺼낸 질문이자 화두였다.

황을문 회장은 그동안 사람들이 직업을 노동적 차원에서만 접근했다고 말한다. 직업이나 직장을 '가진 자와 갖지 못한 자', '금수저와 흙수저', '고용인과 피고용인' 같은 이분법적인 시각에서 접근하다 보니 그냥 '노동'에 불과하다는 것이다.

우리가 사는 이 시대에 일이란 노동의 차원을 넘어 삶이다. 우리는 '초연결 사회'에 속해 있고, 모든 것이 순식간에 이루어지는 시대를 살아간다. 그런데 노동이라는 수동적인 차원으로 접근한다면 어떻게 삶을 꽃피울 수 있겠느냐는 말이다.

황을문 회장은 조직에 들어와서 능력을 마음껏 꽃피워 자신이 가는 길이 꽃길이 되게 해야지, 남이 만들어놓은 꽃길을 걷기만 하겠다는 사람은 되지 않았으면 하는 마음을 피력했다. 그러면서 가장 먼저 직업이 내 삶에서 어떤 의미를 갖느냐에 관한 가치관을 정립해야 한다고 강조했다.

자신에게 맞는 직업이나 직장을 구하는 일은 그다음에 해야 할 일이라는 것이다. 노동자로서의 삶이 아닌 나 자신의 삶을 경영하는 경영자로서, 그리고 일을 통해 자신을 성장시켜나간다는 계획 속에서 직업을 선택해야 한다는 말씀에 공감하는 바가 컸다.

또한 황을문 회장은 기업을 선택할 때 선정 기준으로 '기업문화'가 중요하다고 언급했다. 한 사람의 성격이 그의 운명을 좌우하듯, 기업의 종사원들이 회사를 어떻게 생각하느냐, 그리고 회사에서 주어진 일을 어떤 마음가짐으로 하느냐가 그 기업의 문화라는 것이다. 그는 자신과 함께 일하는 직원들이 각자의 능력을 제대로 꽃피울 수 있는 기업문화를 만들기 위해 노력하는 CEO이다. 그는 직원들이 자발적으로, 창조적으로, 스스로 답을 찾는 기업문화를 만들면 기업은 자연히 지속 가능한 경영이 가능하며, 직원 가족들도 함께 행복한 세상을 만들 수 있다고 말한다. 그만큼 취업하려는 곳의 기업문화가 자신과 잘 맞는지 미리 확인해볼 필요가 있다는 것이다.

이런 말을 하면 그런 직장이 대체 어디 있느냐고 반론을 제기하는 사람이 있을지 모른다. 나는 묻고 싶다. 정말 제대로 찾아보았는가? 나는 취업 희망자들이 들어가고 싶은 기업을 찾을 때 기업의 업종이나 재무구조, 종업원 수 등만 따질 게 아니라 그 기업의 문화가 자신의 지향점과 맞는지 확인하는 과정이 더욱 중요하다고 본다. 그래야 오랫동안 일하면서 자신의 능력을 펼쳐볼 기회가 생기지 않겠는가?

"직업을 갖는다는 것은 나를 성장시키는 학교에 입문하는 것과 같습니다. 단순히 월급 받고 일한다는 차원이 아니라 학창 시절에 배운 전문성과 역량을 펼치는 곳이기에, 지금 주어진 일이나 시키는 일만 잘한다고 인재가 아니라는 거죠. 시키지 않는 일도 자발적, 창의적으로 해야하는 새로운 시대가 열리고 있습니다. 내가 가진 능력을 꽃피워낼 수 있는 직업 선택이 우선되어야 합니다. 자율적으로 일하고, 자신을 스스로 평가하는 그런 새로운 세상이 열릴 겁니다. 프리랜서 또는 개인브랜드화라고 할 수 있어요. 이런 시대가 우리 문 앞에 다가와 있는데도 아직 실감을 못 하고 있는 것 같습니다."

황을문 회장을 인터뷰하며 취업 희망자에게 들려주고 싶은 이야기를 많이 들었다. 그가 언급하기도 한 '개인브랜드'는 나 역시 관심을 두고 중요하게 생각하는 부분이라 4장에 따로 자세히 언급하겠다.

혹시 아직도 중소기업의 근무 환경이 별로라고 생각하는 사람이 있을까 싶어 다른 기업의 사례를 하나 더 소개해보고자 한다. 이 기업 역시 독특한 기업문화를 가지고 있다. 이 회사의 인사제도에는 벌은 없고 상만 있단다. 승진 심사와 정년도 없다. 인공지능ᴬᴵ 역량검사를 통해 학력과 스펙이 아닌 역량을 기반으로 인재를 채용한다. 바로 마이다스아이티라는 기업이다. 이 기업은 2020년 초 고교 입사자들에게 학력과 스펙에 상관없이 파격적인 승진 기회를 부여해 화제가 되었다. 오로지 역량과 성과가 승진을 좌우한다. 마이다스아이티는 2015년 이후 꾸준히 고교 졸업생들을 채용하고 있고, 개발 분야의 경우 마이스터고와 특성화고에 집중해 매년 특별 채용을 진행하고 있다. 앞으로도 계속 고교 2~3학년 학생들을 대상으로 채용할 계획이고, 또 공모전과 대회 등을 통해 고교생 특성에 맞는 선발 체계를 추가해 고교 입사자 채용을 확대하겠다는 계획이다.

이런 기업문화를 가진 기업의 복지는 어떨까? 궁금하다면 이 회사 홈페이지를 방문해 MIDAS 인사제도를 찾아보라. 심신 재정비와 일에 대한 가치성찰을 위해 근속 5년마다 모든 구성원에게 3주간의 유급휴가가 주어지고, 월 1회 고급 호텔 요리를 가정에서 즐길 수 있도록 지원하며, 사내 미용실, 어버이날 반찬 제공, 가게 및 전세금 대출, 유급휴가, 주5일 근무 등등 복지가 정말 훌륭하다.

이처럼 괜찮은 기업, 자신의 적성에 맞는 중소기업을 찾고 싶은가? 방법이 있다. 중소기업중앙회 사이트에 들어가 보면 된다. 해당 사이트의 정보마당에서 스마트 중소기업을 찾아보면 많이 나온다. 적성에 맞고, 관심이 가는 기업이 있다면 마음에 두었다가 시간 내어 해당 업체를 직접 방문해보는 것도 좋은 방법이다.

여기서 잠깐 중소기업중앙회가 어떤 곳인지 알아보고 넘어가자. 중소기업중앙회中小企業中央會는 중소기업의 경제적 지위를 향상하고 국민경제의 균형발전을 목표로 1962년 설립된 경제 단체로, 경제 5단체 중 하나다. 2019년 9월, 중소기업중앙회에서는 워라밸, 성과 공유, 직원성장, 근무환경 개선 등을 평가해 '스마트 중소기업'을 선정했다. 힘들고 임금도 적은 중소기업'이란 고정관념을 깨겠다는 취지다. 대기업에 비해 임금은 다소 적을지 몰라도 좋은 환경에서 즐겁게 일하고, 일한 만큼 성과를 가져가며, 일하면서 자신의 역량을 키워나가는 기업문화를 확산하겠다는 의지를 보여주고자 함이다.

스마트 중소기업에 선정된 중소기업 중에는 워라밸이 대기업 수준인 회사도 적지 않다.

중소기업중앙회 회장과 국회의원을 역임한 김용구 중소기업중앙회 명예회장이 중소기업을 화두로 2012년에 《9988: 김용구의 4.0시대 중소기업 이야기》라는 책을 냈다. '9988'은 우리나라 전체 기업에서 중소기업이 차지하는 비율이 99퍼센트이고, 고용 인원의 88퍼센트가 중소기업 종사원이라는 의미다.

사실 정확히 말해 중소·중견기업의 기업체 수는 전체 기업체 수의 99.7퍼센트라고 할 수 있다. 이렇게 얘기하면 마치 이런 구조가 우리나라만의 독특한 구조인 듯 오해할 수 있으나 다른 나라들도 마찬가지다. 대부분의 나라에서 중소기업이 그 나라 기업체 전체에서 차지하는 비율이 90퍼센트 이상이다. 모든 것이 급속히 변하는 지금과 같은 시대에 기술과 구조 면에서 유연성과 속도를 갖춘 중소기업이 점점 늘어나는 만큼, '이제는 대기업이 아니라 중소기업의 시대'라는 인식의 전환이 필요하다.

대기업이든 중소기업이든 장점도 있고 단점도 있다. 대기업에 입사하면 개인의 역량보다는 맡은 조직의 직무에 따라 맞물린 여러 개의 톱니바퀴들 사이에서 작은 톱니바퀴의 하나로서 맡은 역할만 잘하면 되는 경우가 많다. 이 때문에 개인의 아이디어와 창의적인 발상이 반영되기는 쉽지 않다. 반면 중소기업의 경우 상대적으로 기업 내에서 직원 개인의 역할과 권한이 크기 때문에 일하는 방식에서 대기업 사원과는 많은 차이가 난다.

이렇게 말할 수 있는 이유는 내가 대기업에서 6년간 근무하고 중소기업에서도 1년간 근무한 현장 경험이 있고, 특성화 고등학교에서 학생들의 취업진로지도를 20년 이상 해본 경험이 있기 때문이다.

중소기업은 대기업보다 규모는 작지만 그런 만큼 유연하고 빠르게 움직일 수 있다. 그리고 창의력이 뛰어난 사원들의 아이디어를 존중한다. 이것이 대기업과 명확하게 다른 차이점이다. 거대한 조직 속 작은 톱니바퀴로서의 자기 역할에 만족하면서 안정적인 일을 하는 것이 적성에 맞는다면 대기업을 선택하는 것도 답이 될 수 있다. 그러나 자신이 주도권을 쥐고 다양하고 활동적인 일을 하면서 능력을 펼쳐보고 싶다면 중소기업을 택하는 편이 훨씬 유리하다. 이는 각자 성향에 따라 결정할 몫이다.

어떤 일이 좋고 어떤 일이 나쁜 게 아니라 대기업과 중소기업 직원의 직무에 '차이'가 있다는 얘기다. 원하는 쪽으로 선택할 문제라고나 할까? 옛말에 "등잔 밑이 어둡다"라는 말이 있다. 강소기업에는 중소기업도 있고 중견기업도 있다. 주변에 작지만 보석 같은 기업이 있는데도 멀리서만 찾으려고 하는 것은 아닌지 돌아볼 때다.

예전에 들은 우리나라 자동차 회사 모 회장의 에피소드가 기억난다. 1990년대에 우리나라에 자동차가 많아지면서 차가 들어설 곳이 없다는 얘기가 많은 사람들의 입에서 나올 때였다. 그때 헬리콥터를 타고 공중을 한 바퀴 돌던 회장이 이렇게 말했단다. "아직 차 팔 곳이 많군." 그 회장은 남들이 보지 못하는 부분을 보았다. 그의

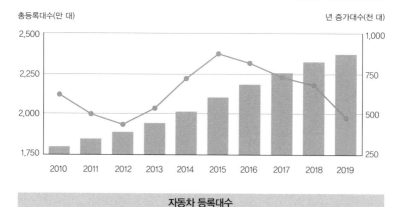

자동차 등록대수

자료: 국토교통부(시도별 자료)

말이 틀리지 않았음이 살면서 계속 증명되었다. 1990년대 우리나라 자동차 등록대수는 약 100만 대였으나 2012년대에는 약 1887만 대, 2019년 10월에는 2359만 대를 넘어섰다.

만약 당시 사람들이 말한 대로 정말로 차가 들어설 곳이 없었다면 등록된 차량의 수가 정체되었어야 맞을 것이다. 그런데 불과 20년 사이에 수십 배가 늘었다. 이처럼 미래는 보고자 하는 자가 만들어 간다. 내게 맞는 중소기업도 찾고자 하는 자에게 보인다.

다음에 소개하는 강소기업 관련 안내가 등잔 밑을 환하게 밝혀주는 등불이 되길 기대한다. 적성에 맞는 기업을 찾으려면 발품도 필요하지만 컴퓨터로 손품도 팔아야 한다. 관심을 두고 꾸준히 원하는 기업을 찾아보자. 그리고 자신의 적성에 맞추어 합리적으로 직업을 선택하는 능력을 기르자.

강소기업 정보를 알 수 있는 사이트

– 강소기업협회 www.kssba.or.kr

– 이노비즈협회 www.innobiz.or.kr

-중소기업현황정보시스템www.sminfo.mss.go.kr

 중소벤처기업부 운영, 우수중소기업, 지역과 업종별 중소기업

현황, 채용정보 등 제공

2
한국형 히든 챔피언,
월드클래스 300 기업을 찾아서

나는 국내 유수의 대기업에 몸담은 적이 있다. 대학 졸업 후 현대그룹 공채에 합격해 현대모비스 본사에서 회사원으로 6년간 치열하게 일했다. 그 후 롤러코스터 전문 회사인 스위스 인타민사로 전직해 1년간 외국계 기업에서 근무하기도 했다. 당시 속된 말로 '잘나가던 때'라 내 전문 분야에 대한 자신감도 생겨 우리보다 앞선 일본의 기술을 뛰어넘어보고 싶다는 생각에 더욱 열심히 일했다. 그러나 기초 소재 산업기술인 프레스 등 공작기계 분야에서 그 격차는 점점 벌어져만 갔다.

잦은 해외 출장과 지방 출장으로 가정을 돌보기 어려워지면서 아이들 교육과 가사는 아내의 몫이 되었다. 어느 날 이것이 내가 원하던 생활이 맞는지 의문이 들기 시작했다. 자식 교육 역시 더는 소홀해서는 안 되겠다는 생각도 들었다. 고민이 깊어지자 부모님과 형제들을 포함해 온 가족이 모여 가족회의를 한 결과 나는 직무의 방향을 특성화고등학교 교사로 전환하게 되었다.

나는 인생에서 7번 직무를 갈아탔다. 이에 관해서는 이전 책《이제는 대학이 아니라 직업이다》의 저자 소개글에 자세히 언급했다. 한창 상승곡선을 그리던 때 "왜 잘나가던 사람이 교직으로 갔어?" 하는 지인들의 질문을 자주 받았다. 여러 가지 이유가 있었다. 대기업의 생활이란 오로지 일뿐이었다. 너무 많은 시간을 업무에 할애해야 했을 뿐 아니라 내가 이루고자 했던, 일본을 뛰어넘어보겠다는 비전의 한계도 절감했다. 무엇보다 가족에게 소홀했다는 미안함이 내 등을 떠밀었다. 경제적으로 안정적인 삶 대신 내 시간과 여유를 되찾고, 하고 싶은 일을 하며 가정을 지키겠다는 생각으로 전직을 결심하게 되었다.

내가 취업하던 당시를 돌이켜보면 지금과는 격세지감을 느낀다. 지방대 출신이었으나 고성장 시대라는 때를 잘 만난 덕분인지 당시 둘째가라면 서러울 대기업인 현대그룹 공채에 3:1 정도의 경쟁률을 뚫고 무난하게 입사할 수 있었다. 그런데 2016년 신문 기사에 의하면 내가 다니던 현대모비스의 경쟁률이 220:1로 치솟았다고 한다.

인공지능기술, 사물인터넷, 빅데이터 등 정보통신기술(ICT)의 발전과 더불어 '연결'과 '융합'에 의해 경제·사회 전반에 혁신적인 변화가 나타나는 4차 산업혁명의 시대는 새로운 서비스와 비즈니스 모델 창출이라는 기회의 장이 될 수 있다.

KT는 150:1, LG 그룹은 110:1, 삼성 그룹은 25:1의 경쟁률을 기록해 현재 청년 세대가 저성장 시대에 한정된 일자리를 두고 치열하게 경쟁해야 하는 상황임을 알 수 있다.

4년이 지난 지금은 어떨까? '4차 산업혁명'이라는 거대한 흐름 속에서 '포스트 코로나'로 대변되는 뉴노멀의 시대가 펼쳐졌다. 전 세계적인 경제 불황으로 기업들은 신규 직원을 공개 채용에서 수시 채용으로 전환하여 뽑고 있다. 대기업 입사를 기대하는 이들로서는 험난한 시국임에 틀림없다. 그런데 이들의 부모 세대는 여전히 고성장 시대의 향수에 젖어 있다. 이 때문에 '하면 된다'고 자녀들을 '희망 고문' 하면서 그저 격려하고 용기만 주면 잘될 것이라고 착각한다. 부모 세대는 자녀들이 고졸이든 대졸이든 입사하기만 하면 된다고 볼 뿐, 그들이 입사해서 일을 잘할 수 있을까는 생각하지 못한다. 서두에 어렵게 취업한 이들이 1년 만에 퇴사하는 비율이 높다고 했는데, 그 이유를 어느 정도 이해할 수 있는 대목이다. 회사란 학교를 졸업하면 당연히 들어가는 코스인 양 생각하는 부모의 다독거림이 청소년과 청년을 병들게 하는 가장 큰 장애물이 되고 있지 않은지 돌아볼 일이다.

나는 이 책에서 대기업과 공무원 시험만 바라보는 취업 준비생에게 그것이 이 시대의 정답이 아니며 더 넓은 직업의 가능성이 있다는 것을 구체적인 사례를 들어 설명하려 한다. 3장에 새로운 가능성을 타진하며 삶을 개척한 이들의 다양한 사례를 소개해놓았다.

워라밸이 중요해진 세상, 급변하는 흐름에 발맞추어 적응하고 변화해야 하는 사회에서는 대기업보다 규모가 작은 기업이 오히려 유연하게 대응하며 새로운 가능성을 모색하는 데 발빠른 행보를 보여주고 있다. 지금은 기성세대가 경제활동의 중심이던 이전과는 분명히 다른 시대다. 이제부터 이런 변화의 흐름을 이끌어갈 주역 중 '월드클래스 300' 기업에 관한 이야기를 해볼까 한다.

중소벤처기업부는 세계적 수준의 전문 중소·중견기업 육성 프로젝트로 월드클래스 기업을 매년 선정하고 있다. 일명 '월드클래스 300 프로젝트'라고 하여 정부가 성장 의지와 잠재력을 갖춘 중소·중견기업이 글로벌 시장으로 뻗어나가는 데 필요한 지원 시책을 패키지로 제공함으로써 300개의 월드클래스 기업을 육성하겠다는 목표로 진행하고 있다.

월드클래스 300에 선정되는 기업은 매출액 400억 원 이상 1조 원 미만인 중소·중견기업 중 수출, 기술, 투자 그리고 경영까지 4개 분야를 평가하여 기술혁신역량을 보유하고, 글로벌 시장 진출 가능성이 높은 기업이라고 인정받은 곳이다. 월드클래스 300 기업 중에는 수출 비중이 매출 대비 70~80퍼센트가 넘는 기업도 많다. 월드클래스 300 안에 들어가는 기업은 소위 한국형 '히든 챔피언Hidden champion'으로 보면 된다. 히든 챔피언이란 대중에게 잘 알려져 있지는 않지만 특정 분야에 특화된 경쟁력을 기반으로 세계 시장을 지배하는, 작지만 강한 우량 강소기업優小企業을 의미한다.

우리 사회에서 월드클래스 300 기업이 만들어낸 성과를 살펴보자. 여기에 속한 종업원 수는 총 11만 3000명 정도이고, 매출액은 2017년도 기준으로 총 52조 가까이 되며, R&D 투자 비중도 평균 4.7퍼센트 정도나 된다. 2020년까지 월드클래스에 들어간 중소·중견기업의 수는 286개사이다. 2030년까지 500개 기업으로 확대하여 선정할 예정이기에 '월드클래스기업'으로 부르기도 한다.

더 자세한 정보를 보려면 '월드클래스기업협회'로 검색하면 해당 협회의 사이트가 나온다. 거기에 2011년도부터 2018년도까지 선정된 기업이 모두 수록되어 있다. 선정 기업들은 기계/장비/소재, 바이오.의료/의약품, 석유/화학/섬유, 전기/전자/통신, 지식서비스/SW, 자동차부품, 기타 등 기술별로 나뉘어 있어 원하는 분야의 기업을 찾아보기 편리하다.

IT 정보 일간지인 《ZDNet Korea》의 2020년 5월 26일자 기사를 보면 21개 월드클래스기업이 고졸 인재 155명을 채용한다는 내용이 있다. 교육부와 산업통산자원부, 월드클래스 300 기업협회가 고졸 취업 활성화를 위해 업무협약을 체결했다. 교육부와 산업부는 월드클래스기업을 '현장실습 선도기업'으로 인정하고, 우수기업에 포상과 홍보 등의 인센티브를 부여한다고 한다. 우수기업에서 현장실습이 가능해지면서 안전사고로 말도 많고 탈도 많았던 현장실습의 교육 과정이 보완되어 내실화를 기대할 수 있게 되었다. 또한 월드클래스기업에 필요한 인재상과 관련한 정보를 교육부에 제공하면 교육부는 시도교육청과 협조하여 기업 맞춤형 인재를 양성하겠다는 계획도 제시하고 있다.

이런 내용을 통해 월드클래스기업이 시대의 흐름에 따라 스펙보다 개인의 능력을 우선시하게 되면서 고졸 인재에 눈을 돌리기 시작했다는 사실을 알 수 있다. 이런 협약이 이루어진 배경에는 고용 창출과 고졸 취업 활성화가 기업에 실질적인 이득이 된다는 인식이 자리하고 있어 교육부와 상생하는 계기가 될 것으로 기대된다.

월드클래스 300에 속한 기업 중에는 재미있는 연구나 개발을 하는 업체가 많다. 하나마이크론이란 회사는 많은 취업 희망자의 관심을 끄는 곳 중 하나다. 2015년 즈음 유명 배우가 스마트폰을 지문인식으로 여는 광고를 본 적이 있다. 그때 '오~ 저거 괜찮은 방법인데!' 하는 생각이 들었는데, 그런 지문인식 기술을 개발하는 회사가 바로 하나마이크론이다. 이뿐만이 아니다. 원하는 대로 구부릴 수 있는 손톱만 한 반도체를 개발한 회사이기도 하다.

내가 관심을 두는 기업이 하나 더 있다. 티맥스소프트는 월드클래스 300 기업 중 하나로, 미들웨어Middleware(운영 체제와 응용 소프트웨어의 중간에서 조정과 중개의 역할을 수행하는 소프트웨어) 전문 기업에서 현재는 다양한 기업용 소프트웨어를 생산하는 회사로 성장했다. 제우스, 티베로, 티맥스OS 등을 기반으로 '연매출 100조 원, 세계 톱 소프트웨어 기업'을 목표로 하는 대단한 기업이다. 여러분은 이 회사 이름을 모를지 몰라도 스마트폰으로 이 회사가 개발한 소프트웨어를 일상적으로 쓰고 있다. 어떤 회사인지 궁금한가? 나는 좀 먼 곳으로 강의를 하러 갈 때면 한국철도공사의 승차권 예약·발매 시스템을 이용해 표를 구매한다. 가끔 비행기를 탈 경우에는 인천국제공항의 운항정보 표출 시스템을 통해 운항시간을 확인하고 표를 구매한다. 바로 이런 시스템을 만든 회사가 티맥스소프트다.

여러분의 관심 분야에 따라 한국중견기업연합회에서 재미있는 연구를 하는 회사들을 다양하게 찾아볼 수 있다. 취업 희망자들 중에는 이런 기업들에 대한 정보 부족으로 알차고 좋은 직장에 취업할 기회를 놓치는 경우도 적지 않으리라고 본다. 요즘은 발품만 팔 것이 아니라 손품을 많이 팔아야 내게 맞는 기업, 몸담고 싶은 기업을 찾을 수 있다. 지금 이 책을 보는 취업 희망자들에게 조금이나마 도움이 되길 바라는 마음으로 월드클래스 300 기업 중 몇 곳을 소개했다.

월드클래스 300 기업 정보를 알 수 있는 사이트

－월드클래스기업협회worldclass300.org

3
산업의 허리,
중견기업을 찾아서

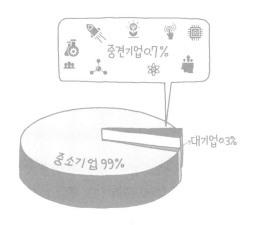

네이버, 풀무원, 샘표, 동원, ㈜동서, ㈜넥센, 녹십자, 유한양행의 공통점은 무엇일까? 이들은 대기업이 아닌 중견기업이다. 혹시 대기업으로 알고 있지는 않았는가? 이들 기업들을 많은 취업 희망자들이 대기업으로 착각하여 입사하기 원하는 기업의 목록에 넣어두곤 한다.

취업 희망자들이 대기업에 들어가길 원하는 이유는 무엇일까? 기업의 규모가 크고 급여가 높다는 점을 우선으로 꼽는다. 그렇다. 보통 급여 수준을 먼저 보게 될 것이다. 그러나 공짜는 없는 법. 급여를 많이 받는 만큼 회사에 상당한 시간과 에너지를 할애해야 한다.

사실 취준생들이 대기업으로 오인할 만큼 괜찮은 중견기업이 많지만 편견 역시 적지 않다. 일단 규모가 작고 급여가 낮다고 보는 경향이 있는 것이다. 하지만 과연 그럴까? 앞서 나열한 회사의 이름을 듣고도 그런 생각을 하게 될지는 의문이다. 이쯤 되면 여러분은 중견기업과 중소기업 사이에 어떤 차이점이 있는지 의문이 들 것이다. 지금부터 중견기업에 관해 살펴보기로 하자.

대기업과 중소기업의 사이에 '중견기업'이 있다. 대기업이 상위 0.3퍼센트에 해당하고 바로 다음으로 중견기업이 상위 0.7퍼센트에 해당한다. 합쳐서 상위 1% 안에 드는 기업이 대기업과 중견기업이다. 이처럼 규모가 큰 회사인데도 중견기업이 생소하게 들리는 이유는 무엇일까?

2014년이 되어서야 '중견기업 특별법' 시행을 통해 중견기업을 정의할 수 있는 법적 근거가 마련되었기 때문이다. 또한 중견기업이 일반 소비자에게 필요한 제품을 생산하기보다는 B2B Business to Business로 기업과 기업 간의 상거래 제품이 차지하는 비중이 80퍼센트나 되기 때문에 생소하게 느낄 수도 있다.

중견기업은 중소기업기본법에서 정의한 중소기업의 범위를 벗어나고, 상호출자제한기업집단에 속하지 않는 기업이면서 외국계

기업, 금융기업, 공공기관이 아닌 기업을 의미한다. 좀 더 자세히 말하자면 자기 자본 1000억 원 이상, 자산 총액 5000억 원 이상 5조 원 이하, 상시직원수 1000명 이상, 3년 연평균 매출 400~1500억 원 이상의 기준을 갖추어야 중견기업이라고 한다.

내가 2016년경에 받은 '중소기업 이해 직무연수'에서는 중견기업의 수가 2979개이고, 매출은 13.3퍼센트, 수출은 11.1퍼센트, 고용은 7.0퍼센트라고 배운 바 있다. 그러나 2018년 중견기업연합회에서 발표한 중견기업의 수는 4635개로 전체 기업의 0.7퍼센트이고, 매출은 15.7퍼센트, 수출은 16.3퍼센트, 고용은 13.8퍼센트를 차지하고 있으며, 특히 신규 일자리 창출은 대기업보다 많은 51.3퍼센트에 달한다. 그만큼 중견기업이 빠르게 성장하고 있음을 유추할 수 있다.

물론 이 기간에 중소기업이 자발적으로 실적을 올려 중견기업이

(단위: 개)

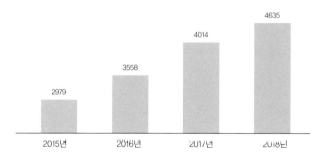

중견기업 수

자료: 2019년 4월 《이투데이》 기사 자료를 보완함

되었는지는 별개의 문제다. 정부의 분류 기준 변경으로 중견기업 수가 증가하고 있을 뿐 중소기업이 회사를 키워 중견기업으로 도약한 사례는 전무하다는 비판도 존재한다. 통계상으로 중견기업의 수가 늘어나고는 있지만 중견기업이 되면 중소기업에 비해 정부의 지원 혜택이 줄어들기 때문에 중소기업들이 자발적으로 중견기업으로 올라가는 걸 기피하고 있기 때문이다. 그러나 혜택을 받자고 언제까지나 중소기업에 머물러 있고자 하는 회사는 없을 것이다.

2018년 2월 5일자 《아시아경제》의 〈2020년 중견기업 5500개로 확대…신규 일자리 13만개 창출〉이라는 기사를 보면 "산업통상자원부가 2022년까지 수출 도약 중견기업 500개사를 선정·육성하고, 초기·내수기업 해외시장 개척, 판로 다각화 및 서비스 기업 해외진출 지원 등 맞춤형 프로그램"을 지원할 방침을 밝혔음을 알 수 있다. '중견기업 비전 2280' 세부 이행계획을 보면, "지역 혁신생태계 구축을 위해 2020년까지 혁신 클러스터 중심으로 지역 대표 중견기업 50개사를 선정·육성하고, 중견기업 전용 성과지향 연구개발R&D을 추진해 기술 사업화를 지원할 예정"이며, "기업이 성장함에 따라 부담으로 작용해 피터팬 증후군을 야기하는 지원제도·법령 등을 개선해 중소→중견→글로벌 기업으로의 성장디딤돌을 강화하고, 관계부처 합동 중견기업 정책 위원회 운영, 유관기관 및 중앙-지방-기관 간 협력 시스템 구축 등을 통한 중견기업 정책·지원사업 간 연계도 강화할 예정"이라고 한다. 이처럼 중견기업으로의 성장 가능성과 지원은 점차 커질 전망이다.

한편 2018년 7월 7일자 《서울경제》에 실린 〈[대기업 취업 아니면 어때] 일하기 괜찮은 기업 선별하는 세가지 방법〉이라는 기사를 보면 소위 잘나가는 중견·중소기업을 미래신성장산업, 분야별 세계 경쟁력, 근무환경과 평판을 기준으로 잘 분석해놓았다.

우선 미래신성장산업을 에너지신산업, 스마트시티, 드론, 미래자동차, 스마트공장, 초연결지능화(4차 산업혁명), 스마트팜 등의 항목으로 나누어 설명하고 있다.

구분	항목	내용	후보기업
미래신성장산업	에너지신산업	재생에너지 발전량 비중 10.5%, 에너지신산업 분야 일자리 창출 1) 태양광, 풍력 등 청정에너지 보급 2) 자택, 민간 참여 유도	중소/중견기업: 유니슨, 신성이엔지, 웅진에너지, 에스에너지, 에스디엔, 에프티이앤이, 알에스오토메이션, KC코트렐, 다원시스, 파투, 동국에스엔씨
	스마트시티	4차 산업혁명 기술 도시에 접목 1) 스마트시티 국가 시범도시 조성 2) 도시데이터 활용 도시문제 해결, 신산업 육성에 사용	중소/중견기업: 비츠로시스, 에스디시스템, 바른전자, 옴니시스템, 엔델스, 케이씨에스(092301), 정원엔시스, 까뮤이앤씨
	드론	사업용 드론시장을 2022년까지 1.4조 원 규모로 성장, 연관 분야 일자리 창출 1) 민간시장 마중물로서 공공수요 창출 2) 신기술, 서비스에 대한 자유로운 실증 지원 3) 드론 활용에 제약이 되는 규제 개선	중소/중견기업: 이에스브이, 제이씨현시스템, 퍼스텍, 파인디앤씨, 피씨디렉트, 휴니드테크놀러지스, 엠씨넥스, 한빛소프트, 아스트
	미래자동차	미래차 분야 중견기업 17개, 혁신형 중소·중견기업 130개 확대 육성 1) 전기차 생산 35만 대까지 확대 2) 자율주행차	배터리 관련 중소/중견기업: 엘엔에프, 코스모화학, 일진머티리얼즈, 에코프로, 피엔이솔루션, 후성, 우리산업, 브이원텍, 디에이테크놀로지
	스마트공장	2022년까지 스마트 공장 2만 개 보급 1) 민간, 지역 주도의 스마트공장 구축 2) 스마트공상의 수준을 고도화, 첨단화 3) 근로자 직무전환 등 스마트공장 관련 전문성 강화	중소/중견기업: 디메스티로봇, 알에스오토메이션, 비엠티, 신성이엔지, 에스엠코어, 맥스로텍, 로보스타, TPC메카트로닉스, 미래컴퍼니, 퍼스텍, 큐렉스

구분	항목	내용	후보기업
미래신성장산업	초연결지능화 (4차 산업혁명)	4차 산업혁명 기반 DNA(Data-Network-AI) 기반 구축, 산업과 융합 1) Data: 데이터의 생산, 활용 기반 강화 2) Network: 5G 상용화, 세계 최고 수준의 초연결 네트워크 구축 3) AI: 핵심기술 집중 투자, 지능화 4대 기술강국(미국, 중국, 일본)	데이터 관련 중소/중견기업: 인프라웨어, 디오텍, 케이엠더블유, 이수페타시스, 유비쿼스, 동부CNI, 더존비즈온, 필링크
	스마트팜	농업경쟁력 제고, 빅데이터&디지털, 오토메틱로보틱, 바이오엔지니어링 1) 청년 창업생태계 구축 2) 스마트팜 혁신밸리 4개소 조성 3) 보급확산	중소/중견기업: 하나마이크론, 두크렘, 신농, 씨앤디마이크로, 산들꾸러미주식회사

자료: 《서울경제》 2018년 7월 7일자

다음으로 각 분야 '글로벌 마켓 1위'라는 세계적인 경쟁력을 갖춘 중견·중소기업들을 분야별로 정리해놓았다.

현재 1등 "각 분야 글로벌마켓 1위 기업"	바이오시밀러	셀트리온
	3차원 납도포 검사장비(SPI), 3차원 부품 실장 검사장비(AOI)	고영테크놀러지
	반도체 비전 플레이스먼트	한미반도체
	게임용 특수모니터	코텍
	화장품 ODM	한국콜마, 코스맥스
	개인용 온열기	세라젬
	오토바이용 헬멧	홍진에이치제이씨
	유명 브랜드 핸드백 제품 디자인, 생산	시몬느엑세서리컬렉션
	스마트폰용 세라믹칩 '바리스터'	아모텍
	반도체용 레이저마킹장비	이오테크닉스
	산업용 로봇, NC컨트롤러	한국화낙
	밀폐용기 부문	락앤락(선두권)
	DVR 시장	아이디스(선두권)

현재 1등 "각 분야 글로벌마켓 1위 기업"	풍력타워 제조사	씨에스윈드
	첨단섬유 신소재	휴비스
	디지털 셋톱박스	휴맥스
	디스플레이 에지 그라인더	미래컴퍼니
	반도체용 PCB	심텍

자료: 《서울경제》 2018년 7월 7일자

마지막으로 근무환경과 평판 관련 테마별 기준에 따라 분류해놓았다.

	워라밸이 최고, 저녁 있는 삶이 가능한 회사	중소/중견기업: 도요엔지니어링코리아, 현대그린파워, 예스이십사, 이데코코리아, 우아한형제들, 디엔에프, 메타바이오메드, 본아이에프, 쎄트렉아이, 포시에스, 휴넷
	근속연수 긴 회사	중소/중견기업: 한국철강, 휴비스, 카프로, 쌍용자동차, 티케이케미칼, 케이티앤지, 금호타이어, 대동공업, 서울도시가스, 삼표시멘트, 에쓰오일
근무환경, 평판 관련 테마별	초봉 4000만 원 이상 중소/중견기업	중소/중견기업: 코오롱, 한국미쓰비시상사, 한미약품, 한국엔드레스하우저, 코오롱베니트, 한국토요타자동차, 대모엔지니어링, 셀트리온, 파라다이스, 마이스터, 글라소스미스클라인, 나이스평가정보, 삼안, 에어프로덕츠코리아, 한라산업개발, 페이스북코리아, ASML코리아, 한국에스케이에프씰
	고용 안정성이 높은 회사	중소/중견기업: 마이다스아이티, 유한양행, 엔키아, 와이비엠, 모닝글로리, 현대그린푸드, 신영증권, 삼구아이앤씨, 진학사
	대기업 수준의 복리후생제도를 운영하는 중소/중견기업	중소/중견기업: 한국콜마, 대원제약, 영림임업, 제니퍼소프트, 서울에프엔비, 지앤푸드, 델리팜, 파나소닉코리아, 지지옥션, 알불로에프앤씨, 유니코정밀화학, 마이다스아이티, 이베이코리아, ASML코리아
	이직 시 커리어에 도움이 되는 중소/중견기업	중소/중견기업: 도화엔지니어링, 넷마블넥서스, 삼구아이앤씨, 유한킴벌리, 성우하이텍, SBS, 동아제약, 아워홈, 한국쓰리엠, 효성전기, 유한화학, 스태츠칩팩코리아, 셀트리온, 안랩, 대상, 삼양사

자료: 《서울경제》 2018년 7월 7일자

기사가 나온 지 2년이 지났지만 그래도 참고할 만한 가치가 있으니 관심 있는 기업을 발견했다면 그 기업이 현재 어떤 상태에 있는지 더 구체적인 정보를 직접 찾아보기를 권한다.

여기서는 여러분이 중견기업을 이해하는 데 도움이 되길 바라는 마음으로 내가 평소 눈여겨보았던 중견기업 몇 군데를 소개해보고자 한다. 단 이 책의 중간에 별도로 소개되는 기업(아진산업 포함)이나 비교적 잘 알려진 기업은 제외했다.

(주)오토닉스

부산 해운대구에 있는 자동화 센서 메이커 기업이다. 포토 센서, 광화이버 센서 등 각종 센서와 세이프티 도어, 도어락, 비상 정지 스위치 등 다양한 자동화 솔루션 제품을 연구하고 개발한다. 2017년 5월 28일, EBS 다큐멘터리 〈나를 키우는 중소기업〉 편에 소개된 적도 있다.

오토닉스는 "교육보다 우수한 업무는 없다"라는 슬로건을 기치로 교육을 통해 직원들이 잠재력을 발휘함으로써 누구나 꿈을 키울 수 있게 하겠다는 의지를 업무에서 실현하고 있다. 직원 간 소통과 협업을 강화하기 위하여 멘토링 시스템을 운영하고 있고, 신입사원에게는 3개월간 1:1 멘토링 시스템을 적용해 적응력을 높임으로써 퇴사율을 낮추고 있다. 배려와 혜택을 통해 직원의 18퍼센트가 연구개발직무를 수행하고 있다고 한다.

또한 헬스장, 통근버스, 남녀기숙사, 사내식당 등의 복지시설 지원과 함께 주택자금대출, 자가 운전비, 경조금 등의 자금재정지원, 건강검진지원과 1가구당 2자녀의 자녀학자금지원, 만 5세 이하의 자녀를 둔 직원 대상 어린이집 위탁보육료 지원, 5년과 10년 장기근속자 대상 포상, 경조사 지원, 난임치료 휴가 추가지원 등의 복지지원도 하고 있다.

이오테크닉스

이오테크닉스는 반도체와 디스플레이, Macro 제조 공정에 사용되는 레이저 및 장비를 개발하고 생산하는 레이저 종합 전문기업이다. Marking 분야는 세계적인 위치를 점하고 있다. 레이저 응용 기술은 사물 인터넷과 함께 자동차와 기계 부품 산업 등의 새로운 사업으로 그 사용 범위가 다양해지고 있어 전망이 밝다.

이오테크닉스는 직원 복지에 투자를 아끼지 않고 있다. 매년 종합건강검진 지원과 함께 본인과 배우자, 직계비속 수술 및 입원비 지원, 경조사 지원, 자녀의 고등학교와 대학교 학자금 지원, 어학비 지원, 10년 차부터 장기근속자 포상지급, 산전·후 휴가, 육아휴직과 남성출산휴가 지원, 제휴 호텔 및 콘도 이용료 지원, 사내 어린이집 운영 등의 복리후생 제도를 운영하는 덕분에 연간 이직률이 10퍼센트가 채 안 된다. 이번 중소벤처 경쟁력지수 조사에 따르면 이 회사의 교육 훈련비는 여타 중견기업의 2~5배에 달했다. 2017년에는 모범납세자 최고 상훈인 금탑산업훈장을 수상했는데, 당시 이 회사의 전체 직원 629명 가운데 기간제 근로자 4명을 제외한 625명이

정규직이었다.

다인정공

기계를 제작하는 기계를 공작기계 Machine Tool 또는 엄마기계라고 하는데, 이는 자동차, 선박, 반도체, 디스플레이, 항공, 의학 등 전통 제조업에서 최첨단 산업에 이르기까지 널리 활용된다.

다인정공은 공작기계에 탑재되는 툴링시스템 등을 생산하는 대한민국 대표 절삭공구 전문업체다. 끊임없이 연구를 거듭하면서 현재는 40여 건의 국내외 툴링시스템 관련 기술 특허를 보유하고 있기도 하다. 또한 차세대 성장 동력으로 협동로봇을 채택하고 2018년부터 협동로봇판매를 위한 로봇사업본부를 신설했다. 협동로봇은 다양한 제조 현장에서 사람과 함께 유연하게 공정을 수행하는 경량 로봇을 말한다. 로봇 관련 분야에 관심이 있는 취업 희망자들이 눈여겨볼 만한 기업이다.

다인정공은 교육을 인사와 연계하여 진행하는데, 선발-배치-육성-평가-보상 등이 연계되어 이루어지며 개개인의 경력개발을 지원한다. 핵심 인재에 대해서는 사내 MBA 과정 학습과 어학교육지원, 해외 전시회 참관 등의 지원도 따른다. 기본급, 상여금 500퍼센트, 경영 성과에 따른 성과급 지급은 기본이고 자녀 학자금, 경조금 지급, 장기근속상과 휴가 및 휴가비 지원, 주택자금 융자, 매년 건강검진, 명절과 근로자의 날 선물 등의 복지가 이루어지고 있다.

네패스

　네패스의 초미세 패키징 서비스는 세계 1위를 다투는 기업들의 스마트폰, 자동차 등 첨단 IT 제품에 적용된다. 지금 우리 손에 있는 스마트폰에는 네패스의 미세 패키징 기술이 담긴 시스템 반도체가 다수 탑재되어 있다.

　네패스는 미래 사업을 이어주는 초연결 기술을 만들어간다는 목표 아래 첨단 반도체 솔루션, 뉴모로픽 인공지능, 전자재료, 친환경 건설 및 친환경 건축 자재, 친환경 특수폐기물 열분해사업, 기능성 필름과 2차 전지 제조 등이 주요 사업이다.

　네패스는 세상에 쓰임 받는 사람, 존귀함을 받는 사람, 감사가 넘치는 사람을 기업의 인재상으로 꼽는다. 구성원들의 행복한 일터를 위한 복지로 숙소 제공, 직원과 가족의 경조사 지원, 중·고·대학 취학 자녀의 학자금 지원, 종합건강검진 지원, 직원의 직무능력 향상을 위한 어학강좌와 해외 어학연수 지원, 통근버스 운행과 식비 제공, 휴양 시설 숙박 지원과 자기개발 지원 등 다양한 복지를 제공하고 있다.

　나는 2016년도 무렵 인천광역시교육청에서 주최하고, 중소기업진흥공단에서 주관하는 특성화고등학교 취업담당부장과 진로진학부장을 대상으로 한 '중소기업 이해 직무연수'에 참가하기 위해 안산에 있는 중소기업연수원에 가본 적이 있다. 1박 2일간 진행되는 짧은 연수였지만 다양한 분야의 기업 세계를 알게 되어 의미 있었고 즐거움도 컸다. 연수 후 학생들에게 중소·중견기업을 적극적으로 소개하며 진로지도와 진로상담을 할 수 있었다. 기업의 규모보다는 그 기업이 얼마나 속이 꽉 차 있느냐가 중요하다는 사실과 급여, 복지, 경쟁력 등 여러 면에서 중견기업이 대기업보다 나은 점이 있다는 사실을 명확하게 인지했기 때문이다.

그동안 우리는 기업의 규모가 크고 연봉을 많이 주면 좋은 일자리인 줄 알았다. 하지만 그 이면의 모습을 볼 줄 아는 능력이 필요하다. 옷 한 벌을 사려고 해도 이곳저곳 발품을 팔고, 인터넷으로 정보도 검색하고, 구입한 후 몸에 맞지 않거나 마음이 바뀌면 지체 없이 반품한다. 하물며 사회 첫출발을 하는 입장에서 자신에게 맞는 직장과 직업을 고르고 또 고르는 것을 두고 지나치다고 보기는 어렵다. 시간이 좀 걸리더라도 내가 가서 잘할 수 있는 직무를 찾고 오랜 기간 몸담고 일할 직장을 찾아보길 바란다.

백문이 불여일견百聞不如一見이라고 했다. 여러분 중에 위에서 열거한 기업이 아니더라도 중견기업에 대한 관심이 생겼다면 잡코리아에서 슈퍼기업관 '기업전문가가 선정한 우수중견기업'이나 중견기업연합회 홈페이지 등을 통해 관심이 가는 중견기업을 찾아본 후 가급적 해당 기업을 방문해본 뒤 판단하라 말하고 싶다.

중견기업 정보를 알 수 있는 사이트

– 한국중견기업협연합회 www.fomek.or.kr

– 중견기업 정보마당 www.mme.or.kr/PGUM0001.do

4

생각을 바꾸면
세계가 보인다!

"Hey! sunny!"

"Hi! Mr. sigrist!"

시그리스트는 스위스 인타민 본사에서 파견 나온 20대 후반의
엔지니어였다. 25년 전 내가 현대모비스에서 스위스 인타민사 한국
지사로 전직한 후 그를 처음 만났다. 스위스 인타민사는 작은 회사
지만 유원설비 엔지니어링 분야로는 전 세계에서 손꼽을 정도의 기

술력을 갖추고 있다.

'유원설비'라는 업계 전문용어는 좀 생소할 수 있겠으나 일반인들은 이를 '놀이시설'이라고 부른다. 롯데월드의 자이로드롭, 자이로스윙, 롤러코스트, 혜성특급 등 오감을 자극하는 놀이시설물을 유원설비라고 칭한다. 스위스 인타민사는 그런 시설물을 설계, 제작, 설치하는 세계적 유원설비 업체다.

세계 최초 콘셉트의 스크류 롤러코스터를 한국에 설치하는 기술 회의에서 처음 만난 시스리스트는 매우 유쾌한 청년이었다. 스위스 인타민 본사에서는 시그리스트 단 한 명만 참석한 반면 한국에서는 나를 비롯해 기계 담당자, 전기 담당자, 건축 담당자가 함께 회의를 진행했다. 시그리스트는 노트북만 달랑 들고 나온 반면 우리는 테이블에 노트북 외에 도면과 각종 서류철을 수북이 쌓아 놓고 심각한 회의를 하게 되었다. 대학을 갓 졸업했을 법한 나이에 혼자서 다수를 상대하면서 능숙하게 회의를 끌어가는 그를 보고 감탄했던 기억이 아직도 생생하다. 당시 회의에 참석한 한국 측 기술자들은 모두 대기업 과장급 이상의 실력자들이었다. 그렇지만 자기 담당 분야는 잘 알지 몰라도 그 밖의 분야에는 책임 있는 답변을 할 수 없기에 세 명이나 되는 기술자가 동석해야 했던 것이다. 그에 반해 시스리스트는 혼자 1인 3역의 역할을 하고 있었으니 내 입장에서는 놀랄 만도 했다. 한국에서는 늘 가 분야의 담당자가 참석하는 회의만 보아왔기 때문이다. 하지만 20대 청년 시그리스트는 기계와 전기, 심지어 건축 분야의 대표로서 회의를 진행했다.

지금이야 국내 공대에도 융합교육의 필요성 때문에 메카트로닉스학과가 생기거나, 기계공학과라고 해도 기계뿐 아니라 전기나 전자 분야를 교육 과정에서 다루고 있다. 하지만 25년 전에 스위스는 그런 종합적 역량을 갖춘 기술자를 이미 양성하고 있었던 것이다. 시그리스트와 좀 친해졌을 때 스위스에서 어떻게 공부했는지, 학력은 어떻게 되는지 물어볼 기회가 생겼다. 알고 보니 그의 최종 학력은 고졸이었다. 깜짝 놀라 잘못 들었나 싶어 다시 물어도 같은 대답이 돌아왔다.

그는 한국으로 치면 공업고등학교에 해당하는 기술고등학교에서 독일식 도제교육으로 고등학교를 졸업한 뒤 회사에서 훈련을 받았다고 했다. 결국 대기업에서 근무하는 대졸자 3명의 역할을 고졸자 1명이 수행한 셈이었다. 나는 시그리스트 덕분에 당시 우리 교육의 한계와 문제점을 인식할 수 있었다. 개인의 능력이란 학력과 비례하지 않는다는 사실을 여실히 느낀, 한편으로는 씁쓸한 기억이었다.

우리나라에서 중소기업은 인재를 구하지 못해 발을 동동거리지만, 대기업은 몰려드는 취업 희망자 중에 인재를 골라내느라 골머리를 앓고 있다. 이런 현상을 '일자리 미스매치'라고 한다. 이를 해결하기 위해서는 사회적인 시스템의 대개혁이 요구되는데, 그 해결 방안 중 하나를 해외 사례에서 찾을 수 있다.

4차 산업혁명과 코로나19 시대에 저력을 발휘하는 세계 유수의 직업교육은 우리와 무엇이 다른지 살펴보고 배울 점을 찾아보자.

독일의 직업교육

독일 교육의 근원적인 힘은 글로벌 경쟁력을 보유한 마이스터(명장)들에게서 나온다. 마이스터는 독일의 기능인력개발 프로그램인 '아우스빌둥Ausbildung'으로 육성된다. 이는 직업학교에서 기술 이론을 먼저 배운 후 기업에서 실습하여 익히는 '이원직업교육시스템'을 의미한다. 2010년 3월 4일 방영된 EBS 다큐멘터리 세계의 교육현장 〈마이스터, 대를 잇다―독일의 직업 학교〉편은 독일의 마이스터제도와 히든챔피언을 다루고 있다.

정육 마이스터

정육 가공 마이스터고 과정은 소시지를 만드는 장인을 육성한다. 소시지의 주원료인 돼지고기를 부위별로 '발골拔骨'하는 과정은 인공지능이나 로봇으로 대체하기 어렵다. 돼지의 크기와 부위에 따라 뼈를 발라내야 하는데, 정교한 칼질 솜씨가 요구될 뿐 아니라 고기의 육질을 보고 느끼는 인간의 감각이 매우 중요하기 때문이다. 교육 과정은 이론과 실습이 50:50 비율로 이루어지고 있다. 다큐멘터리에 100년 전통의 소시지 공장에 근무하는 마이스터 인터뷰가 나온다. 증조할아버지 혼자 시작한 가게가 할아버지, 아버지를 거쳐 이제 딸에게까지 4대째 가업으로 이어지며 현재 45명의 직원과 독일 내 6개의 지점을 가진 알짜 기업으로 성장했다고 한다. 소시지 공장은 생산과 판매가 함께 이뤄지는 원스톱 체제로 신선도, 맛, 품질 면에서 뛰어나 동네뿐만 아니라 멀리서도 구매하러 온다고 한다. 내가 정육 마이스터를 주목하는 이유가 있다. 직업에 대한 편견이 남아 있는 한국과 완연한 대조를 이루고 있기 때문이다. 이제 우리도 직업에 대한 사회적 편견을 개선해나가야 할 것이다.

굴뚝 청소 마이스터

'청소부'라고 하면 어떤 생각이 드는가? 우리의 인식과 달리 독일에서는 굴뚝 청소부가 존경받는 직업이라 한다. 굴뚝 청소부가 되려면 별도의 마이스터 학교에서 교육을 받고, 실습을 마치고, 시험을 치르는 까다로운 과정을 거쳐야 한다.

독일에서 청소부는 더러운 것을 치워주는 소중한 일을 하므로 행운을 가져다준다고 믿고 있다. 관광지에서 유적의 특정한 부위를 만지면 행운이 온다고 믿는 것처럼 청소부의 단추를 만지면 행운이 온다고 생각한단다.

굴뚝 청소 마이스터고는 독일의 주마다 1개교씩 있다고 하는데, 그들은 환경과 관련된 교육 과정을 필수로 이수하고 수학, 과학, 보일러 관련 교육 과정 등도 이수해야 한다. 전원 무료로 기숙사 생활을 하고 있고, 학비가 1년에 약 200만 원 정도로 저렴한데다 실습할 때는 배우는 처지인데도 본봉의 30퍼센트 정도를 받는다고 한다.

마이스터고를 졸업하면 마이스터 시험에 응시할 자격이 주어진다. 3~4년의 경험을 쌓아 마이스터 시험을 치른 뒤 통과하면 꿈에 그리던 마이스터가 된다. 독일에서 마이스터는 사회적으로 존경을 받으니, 독일이 기술 선진국이 된 비밀이 여기 있는 듯하다.

독일 사회의 특징을 다음과 같이 정리할 수 있을 것 같다. 첫째, 마이스터를 존중하고 존경하는 사회. 둘째, 기술인을 긍정적으로 바라보는 사회. 셋째, 대기업보다는 대를 이어서 가업을 이어가는 사회.

우리 사회에서 대기업 중심의 기업 운영이 다양한 사회문제의 원인이 되는 반면 독일은 산업이 중소기업을 중심으로 운영되고 있으며, 마이스터가 독일 중소기업의 핵심적 역할을 하고 있어 사회적 인정을 받는다는 차이점이 있다. 독일이 세계에서 히든챔피언 기업을 제일 많이 보유한 나라가 된 힘이 바로 여기에 있지 않을까? 독일에서 마이스터 자격을 취득한 기술자는 100퍼센트 취업 내지 창업을 한다. 그중 80퍼센트가 창업하고 그 성공률이 98퍼센트에 이른다니 실로 놀라울 따름이다.

취업 걱정 없이 4대째 가업을 이어가는 모습이나 굴뚝 청소를 자랑스럽게 여기는 독일 사회가 참으로 멋져 보이지 않는가? 학력과 관계없이 '일하는 사람들의 행복'을 추구하는 사회 분위기가 부럽기만 하다.

핀란드의 직업교육

왜 핀란드의 교육이 세계적인 각광을 받을까? 2010년 4월 13일 방영된 EBS 다큐멘터리 세계의 교육현장 〈핀란드의 평등교육, 단 한 명도 포기하지 않는다!〉 편을 보면 어느 정도 답이 보인다.

핀란드 직업교육의 핵심은 옴니아 Omnia 학교다. 옴니아는 라틴

어로 '모두'라는 뜻으로 농업 분야를 제외한 교육 과정이 대부분 직업과 관련되어 있으며 교육비는 무료다. 학생 수 7000여 명, 교직원수 600명 정도의 큰 규모로 이루어지며, 교육이 산업 현장과 밀착되어 있다는 특징이 있다. 학생 선발은 성적보다는 선택한 학과에 대한 학습 동기를 더 중요시한다. 중학교를 졸업한 학생의 40퍼센트가 직업교육을 선택하는데, 전체 경쟁률이 4:1이라고 하니 직업교육에 대한 선호도가 우리와는 '하늘과 땅' 차이라고 할 수 있다.

방송에 소개된 '뛰띠'라는 여성은 국가대표 육상선수였으나 이제는 '가구 디자이너'가 되려고 한다. 33살이란 늦은 나이지만 전직을 위해 옴니아 학교에 입학해 즐겁게 배움을 이어가고 있다. 자신의 먼 미래를 내다보고 '좋아하는 일'을 찾아 과감하게 이직을 준비하며 교육받는 것이다. 뛰띠는 자신을 지지하는 남편과 더불어 정말 즐길 수 있는 일을 할 수 있다면 생활 수준을 좀 낮추는 것도 가능하다고 말한다. 요즘 취업을 준비하는 이들에게 시사하는 바가 크다고 생각되는 대목이다.

"모든 핀란드인은 직업을 가질 권리가 있다. 단 한 명이라도 소외되지 않도록 학교는 모두에게 열려 있어야 한다." 핀란드 직업교육의 철학을 잘 나타내고 있는 문구다. 이와 같은 철학을 바탕으로 한 핀란드 교육에서 우리가 배워야 할 점을 찾아보았다. 첫째, 직업교육을 받는 데 나이는 상관이 없다. 둘째, 모든 직업이 평등하다는 국민적 인식이 저변에 자리 잡고 있다. 셋째, 실패와 도전을 두려워하지 않는다.

언제든 다시 새로운 꿈을 꾸는 시간을 허락하는 핀란드의 직업교육 사례에서 취업난 문제를 해결할 실마리가 보이지 않는가? 핀란드는 전 국민이 부담 없이 무료로 언제든 재교육을 받을 수 있고, 재교육에 대한 생각 역시 긍정적이다. 이런 국민적 인식과 정부의 정책이 취업률을 높이는 주요한 동기가 된다는 것이 나의 생각이다.

독일과 핀란드 사례 외에 싱가포르에서도 배울 점이 있다. 싱가포르는 금융 허브로서 서비스업에 강점을 지닌 나라로 알려져 있지만, 제조업이 경쟁력을 잃지 않도록 제조업 고도화로 생산성을 비약적으로 향상시키고 있다. 중소기업연구원의 2019년 2월 24일자 〈싱가포르 중소기업 정책과 시사점〉이라는 보도자료를 보면 싱가포르가 다국적 대기업 중심 경제 정책만으로는 지속적인 경제 성장을 이루기 어렵다는 판단을 하고 자국 중소기업 동반육성정책으로 전환 중임을 알 수 있다. 싱가포르는 중소기업 정책을 책임지고 총괄하는 엔터프라이즈 싱가포르Enterprise Singapore를 신설하고, 중소기업지원 사업을 기업 편의 중심으로 재편했다고 한다. 대표적으로 창업 지원 관련 사업들은 스타트업 싱가포르Startup SG 프로그램으로 통합하여, 스타트업들이 손쉽게 관련 정보를 습득하고 프로그램을 편리하게 이용할 수 있도록 했다.

시스템을 갖추고 있는 나라들은 취업과 관련하여 안정적인 상황이 만들어지는 까닭에 경제적 위기에 쉽게 무너지지 않는다. 여기서 잠깐 우리나라와 핀란드, 그리고 스위스의 일반계 고등학교와 직업계 고등학교의 비율을 살펴보자. 일반계 고등학교와 직업계 고등학교의 비율이 대한민국은 80대 20인 반면 핀란드는 50대 50, 스위스는 역전되어 30대 70이다. 스위스의 직업계 고등학교의 비율이 우리나라의 세 배가 넘는 반면 일반계 고등학교는 우리나라의 3분의 1 정도밖에 되지 않는 셈이다. 이를 보면 실리적인 직업교육이 발달할수록 경제적 안정성이 높아지고, 경제적 안정성이 높아질수록 선진국으로 인정받는다고 볼 수 있다.

그런데 이번 코로나19로 인한 위기를 겪으면서 우리가 선진국으로 동경하던 나라들의 숨겨진 이면을 많이 목격하게 된다는 느낌을 지울 수 없다. 이와 반대로 대한민국은 K-pop, K-드라마 등의 한류 열풍을 일으키며 전 세계의 주목을 꾸준히 받고 있을 뿐 아니라 K-방역 또한 전 세계적인 위기 상황에서 빛을 발하고 있다. 코로나19 확진자의 동선을 보여주는 앱이나 마스크를 파는 약국을 알 수 있는 지도, 확진자가 지나간 곳을 바로 방역하고 상황을 알려주는 안전안내문자 등을 통해 공동의 삶을 보다 편하고 안전하게 만들어주는 배려의 기술들을 개발해내고 또 활용하고 있다. 어려울 때일수록 다른 사람을 배려하는 한국인의 시민의식 역시 다른 나라들보다 높다. 이런 한국을 본받고자 하는 나라들도 많다. 이것이 바로 지금 우리의 입지다.

이뿐만이 아니다. 코로나 상황으로 등교 수업이 어려운 가운데에도 학교에서 이루어지는 철저한 방역 준비와 대처, 학생 생활지도, 교사의 원격수업 준비와 진행, 비대면 수업 등등은 우리 스스로는 만족하지 못하고 있으나 전 세계적으로 볼 때 이 정도의 교육과 방역을 이루어내는 나라는 거의 없다고 본다. 이 정도로 우리 사회는 학교 교육에 대한 기대치가 높은 것이 사실이다. 현재 교육에 불만을 느끼는 이들이 있는 만큼 앞으로 우리는 더 많은 교육 문제를 해결하게 될 것이다.

하지만 희한하게도 직업교육에 관한 인식만큼은 너무 부족하다고 본다. 이제는 국민 전체의 직업교육에 대한 고정관념이 바뀌어야 할 시기다. 안전안내문자를 통해 손 씻기, 기침예절, 마스크 착용, 사회적 거리두기 등에 대한 인식이 개선되었던 것처럼 이제는 직업교육의 인식을 개선하기 위해 정부가 나서야 할 때라고 본다.

우리가 미래의 후손들과 행복하게 어울려 살기 위해서라도 지금의 대기업과 중소기업 간에 적지 않은 격차를 보이는 급여 문제와 복지 문제를 해결하고, 직업교육에 관한 사회적 인식을 바꾸고, 이에 더하여 기업과 학교가 머리를 맞대고 명장을 키워내는 교육 및 훈련 시스템을 새롭게 고민해볼 때다.

 세계의 직업교육 사례를 알 수 있는 자료

EBS 다큐 세계의 교육현장
〈마이스터, 대를 잇는다 – 독일의 직업 학교〉(2010. 3. 4)
〈핀란드의 평등교육, 단 한 명도 포기하지 않는다!〉(2010. 4. 13)

5

군 경력단절 해소로 머물고 싶은
회사가 늘어나고 있다

누구나 아는 사실이지만 우리나라는 세계 유일의 분단국가
다. 국가방위를 위해 군인은 필요한 존재이고, 대한민국 국적을 가
진 거의 모든 남자가 국방의 의무를 져야 하는 상황이다. 국민의 중
요한 의무인 병역 의무를 이행하는 것이 자랑스러운 일이 되어야 하
는데, 오히려 피하고 싶은 과정이 되는 이유는 무엇일까? 여기에는
취업 후 경력단절에 대한 두려움과 그 두려움을 현실화시키는 기업
풍토가 포함되어 있다. 다른 한편 청춘의 시기를 군 복무로 소모하

는 것에 대해 너무 아까운 시간이라고 생각하는 인식도 작용한다. 군 복무로 보내는 기간이 미래를 준비하는 삶의 중대한 시기여야 하지만, 현실은 이와 정반대다. 인생에 크게 도움 되지 않고, 얻는 것도 없으며, 강제적 징집으로 인해 아까운 청춘을 소모하는 시기라는 인식이 팽배해 있기 때문일 것이다.

한국에서는 고등학교를 졸업하고 취업한 경우, 몇 년 되지 않아 군에 입대하게 되면 십중팔구는 제대 후 그 자리로 다시 가지 못한다. 기업에서 군 경력이 인정되지 않아 신입사원과 같은 단계를 밟아야 하기 때문이다. 기업 입장에서는 신입사원이 곧 군대에 갈 것이라고 하면, 기껏 돈과 시간을 들여서 일을 가르쳐놓으니 떠난다고 생각해 그다지 정성을 들이지 않는 측면도 있다. 신입사원은 신입사원대로 입대 이후 기업이 자신을 챙기지 않을 것을 알고 있으니 업무를 성실히 수행하기 어려운 측면이 있다. 기업은 기업대로, 신입사원은 신입사원대로 군 복무라는 딜레마에 빠져 벗어나기 어려운 상황이다.

그런데 하이테크 창업 강국인 이스라엘의 경우 남녀 모두 군에 입대하지만, 우리나라와 다른 면모를 보여주고 있다. 이스라엘은 고등학교를 졸업한 후 남자는 3년, 여자는 2년간 의무적으로 군 복무를 한다. 그 기간에 군에서 창업에 필요한 리더십, 팀워크, 기업가 정신 등을 익힌다고 한다. 군 복무가 의무라는 점에서 우리와 똑같은 상황이지만 군대가 창업의 메카로서 중요한 역할을 한다고 하니, 우리도 생각을 바꾸면 새로운 세계를 열 수 있지 않을까?

청년 실업 문제가 우리나라 경제의 발목을 잡는 요소로 부각되면서 우리 사회도 조금씩 제도적 보완을 해나가고 있다. 2020년 8월 10일 병무청과 교육부가 군 복무와 일자리 연계를 위해 업무협약을 맺었다. 군 복무로 인한 고졸 청년 인재들의 경력단절을 완화하고, 오히려 군 복무가 성공적인 사회 진출을 위한 디딤돌이 될 수 있도록 하기 위한 것이다.

즉 병무청에서는 각급 학교 학생들에게 적성, 자격 및 기술훈련 과정과 맞춤형 병역진로 서비스를 제공하고, 군 복무 기간을 경력단절 기간이 아닌, 미래를 준비하는 기간으로 활용하여 제대 후 사회 진출을 위한 토대가 되도록 제도와 지원을 마련하여 돕는다는 취지다. 그리고 교육부는 취업맞춤특기병에 적합한 고졸 기술 인재를 양성하고 더불어 병역진로설계지원센터를 진로체험기관으로 인증함으로써 이를 적극적으로 이용하고자 한다.

아무리 좋은 취지로 병무청과 교육부가 협약을 맺어도 기업 측에서 이를 수용하고 협조해주지 않으면 좋은 효과를 내기 어렵다. 그런데 이런 취지를 이해하고 협력함으로써 시너지 효과를 보여주는 기업들이 생겨나고 있다. 아진산업의 경우 일찍이 2012년도부터 이를 실천에 옮겨왔다.

경북 경산시에 본사를 둔 자동차 차체 프레스 제품 제조기업인 아진산업은 국내에 있는 수십여 개의 공장이 있을 뿐 아니라 미국과 중국 등에 있는 해외 계열사의 현지화를 통해 첨단 기술개발과 글로벌 경영 체제를 구축하고 있다. 또한 기술경영과 품질경영을 통해 다양한 품질인증으로 고객의 신뢰를 얻고 있는, 대기업 못지않은 강한 중견기업이다.

아진산업은 2012년도부터 지역 내 특성화고 학생들을 적극적으로 채용하고 있다. 현재 기업에 근무하는 특성화고 졸업생이 300여 명에 이르고, 기업 내 현장 직원의 평균 연령이 20대로 매우 젊다. 아진산업은 입사한 직원이 군 입대를 하면 군 복무가 끝날 때까지 기다려주기 때문에 사원들에게 매우 든든한 기업으로 인정받고 있다. 아진산업은 규모상 병역특례가 인정되지 않아 군필이 아닌 직원들은 군 입대가 불가피하다. 그러나 아진산업은 직원의 군 복무 기간까지도 근속연수로 인정하고 상여금도 지급한다. 또한 '도제훈련'으로 인근 특성화고와 협약을 맺고, 고등학교 2학년 때부터 학교와 회사에서 일과 학습을 병행하게 했다. 사내에 전문학사 과정도 운영하고 있다. 또한 글로벌현장학습제도를 운영하여 특성화고 3학년 중에 우수한 학생을 25~30명 정도 선발해서 3개월간 미국 법인에서 연수를 수료하게 한다. 글로벌현장학습제도는 교육청과 학교, 그리고 회사의 협약에 의해 진행되고 있는 사업이다.

글로벌현장학습에 참여할 우수 인재를 뽑는 과정은 매우 엄격한 선정 조건이 있다. 첫째, 흡연을 하면 안 된다는 것이다. 검사를 통해 확인도 한다. 둘째, 원어민과 어느 정도 자유롭게 대화할 수 있는 언어 실력이 있어야 한다. 셋째, 토익을 보기 전 단계의 영어능력을 갖춘 초중급자를 위한 국제표준 어학시험인 토익 브릿지TOEIC Bridge를 통과해야 한다. 넷째, 임원진 면접을 통과해야 한다. 이런 과정

역시 학교의 협조가 중요하다.

연수를 가게 되면 현장학습과 문화체험, 봉사활동과 어학연수 등의 과정을 거치게 된다. 이렇게 3개월을 마치고 나면 정식 직원으로 채용되고, 한국에서 1년간 근무한 뒤, 사내대학에서 전문학사 과정을 통해 영진전문대 기술경영반 전문학사 과정을 밟게 하는 '선취업 후학습' 형태의 프로그램을 운영하고 있다. 또한 전문학사 졸업뿐만 아니라 4년제 학사 편입 시스템을 지원하고 있어 학업 정체 우려를 해소했다.

그렇다면 일학습병행제를 통해 회사는 어떤 이익을 보았을까? 회사는 외주를 주던 금형 생산을 자체적으로 할 수 있게 되면서 금형 매출이 50퍼센트 이상 올랐다고 한다. 기존에 금형 전문가를 육성하려면 3~5년 정도의 기간이 필요했지만, 일학습병행제를 통해 반년 정도를 단축할 수 있었기 때문이다.

내가 만난 문찬기 직원은 특성화고를 졸업하고 아진산업에 취업하여 다양한 혜택을 경험하면서 회사에 대한 애착과 일에 대한 자부심이 높아졌다고 한다. 그는 2015년 글로벌현장학습제도를 통해 아진산업에 입사한 이후 군 복무 기간을 경력으로 인정받았다. 덕분에 군 복무 중에도 호봉이 승급되었으며, 상여금도 받았다고 하니 제대 후 복직은 당연한 일이었다. 게다가 군 복무 중 명절 때마다 회사에서 부모님 댁으로 명절 선물을 보내주어 부모님 역시 아들이 다니는 회사에 대한 자부심이 높다고 한다. 이런 대우를 받으니 군 복무 중에 애사심과 자부심은 군인으로서의 애국심만큼 크지 않았을까?

다른 회사들은 직원의 노령화로 어려움을 겪고 있는데 반해 아진 산업은 젊은 인재들이 오고 싶어 하는 회사로 인정받게 되니 기업과 직원이 모두 윈윈하면서 동반성장할 수 있음을 보여주는 좋은 본보기라 할 것이다.

청춘은 아름답고 힘이 넘치는 시기다. 그러나 짧다. 그렇기에 청춘의 시기에 미래를 대비하여 준비해야 할 일도 많다. 청춘의 시기에 군 입대로 국방의 의무를 다하면서도 경력단절을 걱정하지 않게 하는 일은 무엇보다 중요하다. 이스라엘의 경우처럼 군대가 청년들의 창업 메카의 역할을 할 수 있다면 국가 경쟁력 차원에서 거둘 수 있는 시너지 효과가 적지 않다고 생각한다.

세계 유일의 분단국가이므로 국방의 의무를 다해야지 하고 받아들이기만 하는 시대는 지났다고 본다. 대학 다니는 기간도 길다고 할 정도로 모든 것이 급변하는 4차 산업혁명 시대를 대비하기 위해, 인생의 황금기에 이뤄지는 군 입대가 청년들의 경력단절이 아니라 새로운 도전의 기회로 거듭날 수 있도록 제도적 개선이 반드시 이뤄져야 한다. 이를 위해 학교와 교육부 그리고 국방부가 머리를 맞대어야 할 시기다.

다행스럽게도 병무청에서는 2021년부터 직업계고 졸업생 대상 입영 전 병역진로설계를 강화하는 취업맞춤특기병 제도 확대·개편을 통해 군 경력단절을 최소화를 추진하고 있고 교육부와 협력을 강화하고 있다. 지금은 상담센터를 설치해 온라인과 오프라인으로 상담을 통해 도움을 주고 있으나, 우리나라의 거의 모든 청년들이 짧지 않은 기간 동안 군을 거치기에 병무청보다는 한 단계 높여 국방부 차원에서 보다 적극적으로 강화된 지원을 할 필요가 있다고 본다.

 군 경력단절 최소화를 위한 정책 방안

1. 군 경력단절 완화 방안−2020년 신설

(군 복무로 인한 경력단절 완화) 직업계고 졸업생 대상 입영 전 병역진로 설계 강화, 취업맞춤특기병 확대·개편(2021년~)으로 경력단절 최소화(병무청)

군 입대 전	군 복무 중	군 전역 후
직업 훈련(200시간) ※ 직업계고 졸업자는 면제	기술 특기병으로 복무 ※ 육·해·공군·해병	관련분야 취업지원(컨설팅)

• 학교 방문을 통한 '상담서비스'(7회), 수도권 상시상담센터 설치·운영(7월~), 온라인 정보제공 서비스 실시(11월~), 영남·중부권 등 상시상담센터 신설 추진(2021년~)

자료: 교육부 보도자료

2. (가칭)기특(기술인재+특기병)한 인재 양성 프로그램

시범 운영 로드맵

"예전에는 매년 고졸청년 인재를 10명 이상 채용하였으나, 군 복무 후 복직을 하지 않아 현재는 고졸 채용을 하지 않고 있어 안타깝습니다."

(월드클래스 300기업 TSE 인사담당_2020년 7월 8일)

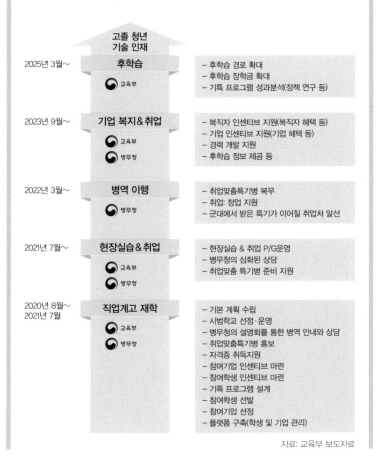

고졸 청년
기술 인재

| 2025년 3월~ | **후학습** 교육부 | – 후학습 경로 확대
– 후학습 장학금 확대
– 기특 프로그램 성과분석(정책 연구 등) |

2023년 9월~ **기업 복지&취업** 교육부 병무청
– 복직자 인센티브 지원(복직자 혜택 등)
– 기업 인센티브 지원(기업 혜택 등)
– 경력 개발 지원
– 후학습 정보 제공 등

2022년 3월~ **병역 이행** 병무청
– 취업맞춤특기병 복무
– 취업: 창업 지원
– 군대에서 받은 특기가 이어질 취업처 알선

2021년 7월~ **현장실습&취업** 교육부 병무청
– 현장실습 & 취업 P/G운영
– 병무청의 심화된 상담
– 취업맞춤 특기병 준비 지원

2020년 8월~
2021년 7월 **직업계고 재학** 교육부 병무청
– 기본 계획 수립
– 시범학교 선정·운영
– 병무청의 설명회를 통한 병역 안내와 상담
– 취업맞춤특기병 홍보
– 자격증 취득지원
– 참여기업 인센티브 마련
– 참여학생 인센티브 마련
– 기특 프로그램 설계
– 참여학생 선발
– 참여기업 선정
– 플랫폼 구축(학생 및 기업 관리)

자료: 교육부 보도자료

6

중소·중견기업 취업으로
잡을 수 있는 세 마리 토끼

여기서는 중소·중견기업에 취업할 경우 얻을 수 있는 세 가지 이점에 관해 언급해보려고 한다.

하루가 멀다 하고 나오는 청년 취업과 실업에 대한 이야기를 빼놓기는 어렵다. 코로나19로 인한 위기가 적어도 2021년까지 갈 것이라는 예측이 지배적인 상황에서, 나라마다 국가의 재정을 감염병 방역에 사용하느라 정신이 없는 상황이기에 취업의 문을 두드리는 이들로서는 암울한 면이 많다.

그러나 이런 상황이라도 대기업에 비해 취업이 비교적 쉬우면서 잘 맞춰서 가면 적어도 세 가지 이득을 볼 수 있는 것이 중소·중견기업에 취업하는 길이라고 본다. 나는 세 가지의 이득을 세 마리 토끼에 비유해보았다. 지금부터 살펴보자.

첫째, 중소·중견기업의 경우 앞서 말한 것처럼 대기업보다 취업 문이 낮다. 그렇기에 중소·중견기업은 공채보다 수시 채용이 많으니 관심 있는 기업이 있다면 자주 살펴보는 편이 좋다.

둘째, 중소·중견기업에 취업하면 7~8년 뒤에는 은행에 적금을 드는 것보다 적은 돈으로 5배가량 많은 돈을 손에 쥘 수 있다. 7년이라면 대략 9600만 원, 8년이라면 1억 1000만 원 정도의 예금을 돌려받을 수 있다는 이야기다. 이 부분은 뒤에서 따로 설명하겠다.

셋째, 중소·중견기업에 취업한 뒤 3년 이상 근무하면 대학 등록금을 면제받을 수 있는 길이 생긴다. 즉 선취업 후학습으로 큰 부담 없이 대학을 마칠 수 있다. 이 경우 부수적인 이점도 적지 않다. 한 회사에서 3년 이상 근무하면 전문성을 지닌 유경력자로 대우받을 수 있다. 직원 입장에서는 회사로부터 더 좋은 처우를 기대할 수 있고, 회사 입장에서도 전문 인력이 늘어나니, 이른바 누이 좋고 매부 좋은 상황이 된다고나 할까?

지금부터는 위의 둘째 항목에서 이야기했던 돈 이야기를 해보려 한다. 이를 위해 중소·중견기업에 취업하면 활용힐 수 있는 제도들을 하나씩 들어 설명하겠다.

고교 취업 연계 장려금제도

직업계고와 일반고 위탁과정으로 중소기업 또는 중견기업에 취업하는 고등학교 3학년 학생(졸업예정자)이 취업 연계 장려금을 신청하면 500만 원을 받을 수 있다. 또한 중소·중견기업에 재직 중이거나 취업할 예정인 사람도 신청할 수 있다. 신청한다고 모두 장려금을 주는 것이 아니라 요건을 갖춘 사람에게 지급하는 제도이기 때문에 자격 요건과 내용을 잘 살펴보아야 한다. 최소한 6개월(180일/주말 및 공휴일 포함) 이상 해당 기업에 의무종사를 해야 한다.

지원대상	직업교육을 받은 고등학교 3학년(졸업예정자) 학생 중 중소·중견기업에 취업한 학생
지원혜택	학생 1인당 총 500만 원 지원(일시금)
신청방법	한국장학재단 홈페이지(www.kosaf.go.kr)

고교졸업 후 중소기업 취업활성화 및 인력난 해소를 위해 지원하는 사업

청년내일채움공제제도

청년내일채움공제로 목돈 마련이 가능하다. 그동안 청년을 위한 일자리 대책이 주로 대학생 중심으로 추진되어 고졸 취업생을 위한 장려책은 미흡했다. 그러나 청년내일채움공제제도는 고교생의 선취업 지원을 위한 장려금으로 아주 매력적인 자산 형성 수단이 될 수 있다.

청년내일채움공제는 중소기업에 취업한 청년이 2년간 근속하면 총 1600만 원(근로자가 300만 원을 넣으면 기업이 400만 원, 정부가 900만 원을 지원함), 3년간 근속하면 총 3000만 원(근로자가 600만 원을 넣으면 기업이 600만 원, 정부가 1800만 원을 지원함)까지 돌려받을 수 있는 제도다.

쉽게 말해 근로자가 2년간 월 12만 5000원씩 24개월 적금을 넣으면 만기 때 원금은 300만 원인데 실제 돌려받는 금액은 1600만 원이 되고, 근로자가 3년간 월 16만 5000원씩 36개월 적금을 넣으면 만기 때 원금은 594만 원인데 실제 돌려받는 금액은 3000만 원이 된다는 얘기다. 과연 몇 배로 돌아오는 것인지 계산해보라. 황금알도 이런 황금알이 없다. 이게 가능한 이유는 기업과 정부에서 내가 넣은 원금 이상의 금액을 지원해주기 때문이다.

지원대상	중소·중견기업에 정규직 신규 취업한 청년
지원혜택	월 12만 5000원씩 2년 동안 적립하면 1600만 원 목돈 마련
신청방법	워크넷 청년공제청약 홈페이지(www.work.net/youngtomorrow)

청년·기업·정부가 공동으로 적립하여 청년에게 만기공제금을 지급하는 사업

30세 무렵 창업을 원한다고 할 때 그 비용을 마련하는 방법을 로드맵으로 그려보았다. 고등학교를 졸업하면서 중소·중견기업에 취업했다고 가정해보자 그러면 400만 원의 장려금을 받고, 근무한 지 6개월이 지나면 청년내일채움공제를 넣을 수 있다. 3년 만기 적금으로 월 16만 5000원씩 36개월이년 만기에 빈는 수령액이 3000만

청년

청년 적립금 (본인 납입금)	청년 계좌 자동이체로 적립(5, 15, 25일 중 선택)
[2년형]　300만 원	월 12.5만 원 24개월 납입
[3년형]　600만 원	월 16.5만원 36개월 납입

기업

기업 기여금 — 기업 명의 가상계좌 또는 자동이체로 적립(기간별 적립)

	1M	6M	12M	18M	24M	30M	36M
[2년형]　400만 원	45만 원	70만 원	95만 원	95만 원	95만 원		
[3년형]　600만 원	50만 원	50만 원	75만 원	100만 원	100만 원	100만 원	125만 원

고용노동부

정부 지원금 (청년 취업지원금) — 청년 명의 가상계좌로 적립(기간별 적립)

	1M	6M	12M	18M	24M	30M	36M
[2년형]　900만 원	75만 원	150만 원	225만 원	225만 원	225만 원		
[3년형]　1800만 원	150만 원	175만 원	225만 원	250만 원	325만 원	325만 원	350만 원

2년형, 3년형 청년내일채움공제 적립구조

원이 된다.

　이건 별도의 예금으로 넣어놓고 다시 내일채움공제를 5년 만기로 60개월을 넣는다. 근무 경력이 3년쯤 되면 월 34만 원 정도를 충분히 넣을 수 있다. 그렇게 5년이 지나면 원금은 2040만 원인데 실제 수령액은 8000만 원이 된다. 이렇게 모은 금액은 합쳐서 얼마가 될까? 적어도 1억 1000만 원이 넘을 것이다.

　이때도 아직 20대일 것이고, 원하는 무언가가 있다면 도전하기에 충분히 젊은 나이이다. 어떤가? 기업에서 월급쟁이로 살아가는 것이 체질에 맞지 않는다고 느낀다면 창업 또한 해볼 만하지 않은가? 새로운 일을 시도하다가 경영에 대해 배울 필요가 있다면 알바를 고용하면서 평생학습 프로그램을 이용해 얼마든지 자신을 업그레이드할 수 있다. 여러분이 '경력 쌓고 사장 되기'라는 프로젝트를 계획한다면 이런 방법을 고려해보라고 권하고 싶다.

또 다른 기술창업의 사례를 살펴보자. 한 회사에서 기술직인 현장직으로 8년 정도 일하면 해당 분야의 관련 기계를 능숙하게 다루는 진짜 엔지니어가 될 수 있다. 그러면 목돈 마련을 통해 독립이 가능하다. 만약 몸담은 회사가 확장을 고려하고 있다면 그 직원을 협력사로 분가시키기도 한다. 기업은 왜 노련한 엔지니어를 분가시키는 걸까? 기업 입장에서는 엔지니어의 해당 분야 종사 기간이 올라갈수록 숙련도는 높아지지만 급여 비중이 커지니 부담이 될 수 있다. 기업이 확장을 고려할 경우 직접 공장을 세우면 돈이 많이 들지만, 숙련도와 관계성이 높은 직원이 협력사로 독립하는 방식을 취하면 그만큼의 비용을 들이지 않고 기업이 원하는 물품을 공급받을

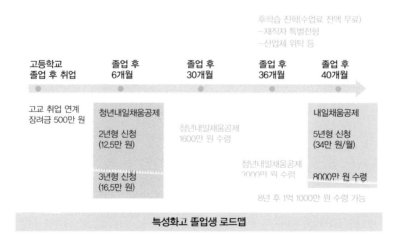

특성화고 졸업생 로드맵

길이 열리기 때문이다. 한편 고숙련 엔지니어 입장에서도 분가하여 한 회사의 사장으로 독립하게 되면 더 큰 가능성과 기회를 잡을 수 있기에 윈윈이 가능해진다.

고졸 후 학습자 장학금(희망사다리 II) 제도

고등학교 졸업 후 중소·중견기업에 최소 2년 이상 근속하고, 대학교에 진학한다면 '희망사다리장학금(II유형)'으로 4년간 대학 등록금 전액을 지원받을 수 있고, 전문 직업인이 되는 길을 찾을 수도 있다. '선취업 후학습'을 선택하면 대학교 4년간 등록금 전액을 지원받을 수 있다는 이야기다. 일해서 돈을 벌고 원한다면 대학을 부담 없이 다닐 수 있다는 것은 엄청난 혜택이 아닐 수 없다.

'선취업 후학습'을 선택하지 않고 4년제 대학에 진학하면 8학기 등록금을 포함해 졸업하기까지 대략 8000만 원에서 1억 1000만 원 정도가 들게 된다. 부모 세대의 대학 졸업자는 일자리를 쉽게 찾을 수 있었지만, 상황이 달라진 현재 우리 사회의 대졸자 취업률은 기껏해야 50퍼센트를 조금 넘는 수준이다. 이렇게 보면 '선학습 후취업'은 비효율적 선택이 될 수 있다. 3년간의 직장생활로 약 1억 원을 번 친구가 희망사다리 II 제도를 활용해 대학을 다닐 경우의 '기회비용'을 고려한다면 단순 비용만 고려해도 경제적 격차는 두 배 정도가 되는 셈이다.

지원대상	중소·중견기업에 2년 이상 재직한 고졸직원
지원혜택	대학 등록금 전액
신청방법	한국장학재단 홈페이지(www.kosaf.go.kr)

선취업 후학습 선택자를 위한 대학 등록금 지원사업

중소기업 취업연계 장학금(희망사다리Ⅰ) 제도

고졸 후 학습자 장학금(희망사다리Ⅱ) 지원제도를 보면서 대학생의 경우 '나는 혜택 받을 방법이 없어?' 하고 생각하는 이들이 있을 수 있어 한 가지 더 소개한다.

대학 진학 후 중소·중견기업 취업을 희망하거나 창업을 준비하는 대학생의 경우에도 혜택이 있다. 일반대는 3학년 이상, 전문대는 2학년 이상인 대학생의 경우 '희망사다리장학금(Ⅰ유형)으로 매학기 등록금 전액을 지원받을 수 있다. 또한 취업·창업 장려금 200만 원도 지원받을 수 있다. 대학 등록금이 좀 비싼가? 1~2년의 등록금 혜택은 결코 무시할 수 있는 금액이 아니다.

여기에 더해 보너스로 하나만 더 소개하겠다. 중소·중견기업의 경우 수도권이 아닌 곳에 회사가 자리한 경우가 많다. 기숙사가 있으면 좋겠지만 그렇지 못한 경우 활용할 수 있는 제도이다.

전월세보증금 대출 제도

중소기업 취업한 청년의 주거 안정을 위해 전월세보증금을 연 1.2퍼센트로 1억 원까지 최소 2년, 최상 10년간 대출받을 수 있다.

이 제도는 어떤 경우 사용할 수 있을지 예를 들어 설명해보겠다.

일반적으로 공장은 수도권을 벗어나 있는 경우가 많다. 이 때문에 집에서 출퇴근하는 데 어려움을 겪는다. 때로는 직장이 왕복 2시간이 넘는 거리에 있는 경우도 종종 있다. 그런 경우 직장 근처에서 거주할 곳을 구하는 경우가 있는데, 이때 목돈을 들이지 않고 렌트한다는 개념으로 거주지를 구할 때 유용하게 사용할 수 있는 제도가 바로 전월세보증금 대출 제도이다.

지원대상	만 19세 이상 만 34세 청년으로 중소·중견기업 재직자 또는 청년창업지원을 받고 있는 자
지원혜택	연 1.2%로 1억 원까지(최소 2년, 최장 10년 이용 가능)
신청방법	필요 서류를 발급받아 은행에 제출

*사업자등록증 사본, 재직증명서, 주업종코드, 고용보험 피보험자격 이력내역서

대한민국 청년의 주거안정을 위해 전·월세 보증금을 대출해주는 사업

더 자세한 사항을 알고 싶다면 한국장학재단 사이트나 워크넷에 들어가 확인해보기 바란다. 다만 대기업의 경우는 해당이 안 되고, 중소·중견기업에 취업하거나 취업을 희망하는 경우에 적용되는 혜택임에 주의하기 바란다. 중소기업청이 중소벤처기업부로 승격되는 것을 보더라도 중소·중견기업에 대한 이러한 정책은 지속적으로 강화될 것이 자명한 일이다. 그러므로 관련 정보를 찾아 활용하는 지혜가 필요하다.

**중소 · 중견기업 취업자를 위한 혜택을
알 수 있는 사이트**

－한국장학재단www.kosaf.go.kr

7

나만의 기업 정보 탐색
노하우를 장착하자

"선생님 저 이번에 회사를 그만두게 되었어요. 이제 어떻게 해야 할
지 막막해요…."

가끔 어렵게 취업시킨 학생에게 받는 전화 내용이다. 이렇게 연
락을 주는 학생은 그나마 나은 편이다. 많은 학생이 취업 후 회사를
그만둘 때 마치 아르바이트를 그만두듯이 가볍게 생각하는 경향이
있다. 취업을 지도한 취업담당교사나 학교로서는 참으로 안타깝고

난처한 일이다. 학교는 괜찮은 취업처를 발굴하고, 학생 한 명을 취업시키는 과정에 말로 못 다할 고충과 어려움을 겪는다.

특성화고등학교에서 취업 지도를 하다 보면 어린 학생들이 취업을 준비하는 모습이 안쓰럽기도 하지만 한편으론 경험이 없어 어설프게 느껴지기도 한다. 미생이니 당연하다고 생각한다. 그렇기에 취업과 관련된 많은 부분을 밥상의 밥을 떠먹여준다는 말이 나올 정도로 지도교사나 취업지원관이 눈물겹도록 정성스럽게 지도한다.

특히 대기업, 공무원, 공공기관 공채의 경우 본인뿐 아니라 학교의 명예가 걸려 있고, 신입생 모집을 위한 홍보 자료로 활용되기도 하기 때문에 더욱 그러하다. 일반고가 SKY 대학에 몇 명을 진학시켰느냐에 따라 학교 서열이 정해지듯, 특성화고는 소위 괜찮은 취업처에 입사한 실적이 중요한 것이다. 그래서 학교에서는 열과 성을 다해 적게는 2차에서 많게는 5차 임원면접까지 입사 과정을 처음부터 끝까지 지도해준다.

이런 형태의 과정은 학생이 자신의 의지로 스스로 준비하기보다는 교사의 지도에 따른 것이기 때문에 종종 문제가 발생한다. 학교와 부모의 뜻을 따른 것인데다가 스스로 찾아서 준비한 것이 아니기 때문에 직장에 가서 잘할 수 있는지 별도로 생각해볼 필요가 있다. 혹 자신과 잘 맞지 않는 회사였거나 맡은 업무가 원하는 일이 아닌 경우 기껏 내디딘 사회생활의 첫발이 실패의 상처로 남을 수 있다. 따라서 다소 시간이 걸리더라도 사전에 자신과 맞는지 해당 기업과 업무에 관해 자세히 알아보는 자세가 필요하다. 스스로 기업 정보를 탐색하고 다른 기업과 비교·분석하는 능력은 아주 중요하다. 이러한 능력을 스스로 기르지 않으면 앞서 말한 대로 전직과 이직 상황에서 어찌할 바를 모르고 당황할 수밖에 없기 때문이다.

최근 교육부는 특성화고등학교에서 취업한 졸업생을 '선취업 후학습' 할 수 있도록 돕거나 직장생활을 잘할 수 있도록 돕는 사후 관리를 위한 '직업계고 졸업생 계속 지원 모델 개발 사업'을 수행할 목적으로 전국에서 17개교를 선도학교로 선정하여 발표했다. 직업계고의 선취업 후학습 제도를 더욱 지속 발전시키기 위해서도 이상적이고 꼭 필요한 정책이다. 교육부는 이 사업이 조기에 정착할 수 있도록 하여 더 많은 학교가 벤치마킹할 수 있게 주도하는 지혜를 발휘해야 할 것이다.

대학을 진학할 때 가장 좋은 학습 방법이 자기 스스로 주도해서 이루어지는, 이른바 자기 주도적 학습인 것처럼 회사에 취업할 때 최고의 준비 훈련 역시 자기 주도적 훈련이다. 그렇다면 스스로 취업을 준비하는 자기 주도적 훈련법은 무엇일까?

일선 학교에서 쌓은 경험을 바탕으로 합리적인 직업 선택을 위한 자기 주도적 훈련법을 정리해보면 다음과 같다. 첫째, 자기 자신에 대한 이해가 선행되어야 한다. 둘째, 가고자 하는 기업의 직무에 대한 이해 역시 필요하다. 셋째, 가고자 하는 기업에 대한 정보를 찾고 자신에게 맞는지 분석할 수 있어야 한다.

이 세 가지를 한꺼번에 해결해주는 무료 포털 사이트가 워크넷이다.

합리적인 직업 선택의 준비가 되었는가? 그렇다면 다음 단계는 직업훈련이다. 직업훈련은 HRD-Net(www.hrd.go.kr)을 활용하면

좋다. 국가 공인 자격증 취득을 하고 싶다면 한국산업인력공단의 큐넷(www.q-net.or.kr)과 대한상공회의소를 통해 정보를 얻을 수 있다. 민간 자격증이 필요하다면 한국직업능력개발원에서 운영하는 민간자격 정보서비스(www.pqi.or.kr)를 이용하면 된다.

자기 주도적으로 훈련하는 또 다른 방법으로《이제는 대학이 아니라 직업이다》의 자매책인《진로독서 워크북》의 내용을 참고해서 활용하도록 예시로 제시한다.

예를 들어 워크넷에서 서린바이오사이언스를 검색해보자. 회사

자료: 워크넷-서린바이오사이언스 정보

의 기본 정보뿐만 아니라 재무 정보와 재무제표까지 공개되어 있다. 자신이 가고자 하는 회사의 경영 상태와 안전성 등을 자기 주도적으로 분석할 수 있는 능력을 기르는 것이 실질적인 취업 준비의 과정이다. 공채 대비 필기와 면접 준비보다 더 우선적이고 피와 살이 되는 진짜 취업 준비가 아닐까?

이와 같은 워크넷 강소기업 정보를 바탕으로 다음과 같은 질문지와 진로활농지를 활용해 진로활동 을 할 수 있다.

* 손영배, 《이제는 대학이 아니라 직업이다 ─ 진로독서 워크북》, 생각비행, 2021, 38~40쪽 활용.

1. 대기업이 아닌 강소기업에서 꿈을 실현하라

📖 읽을 거리

어린 시절 "뱀의 머리가 될지언정 용의 꼬리는 되지 마라"는 얘기를 어른들한테서 많이 들었다. 어릴 때는 막연히 용의 꼬리가 더 좋다고 생각했다. 그러나 생각해 보자. 전교 1, 2등을 다투는 머리 좋은 학생들은 과학고나 외국어고로 많이 간다. 그런데 한때 잘나가던 아이들이 비슷한 수준의 학생들이 모인 학교로 진학하면 중간도 못하는 경우가 자주 생긴다. 이는 머리가 나빠서도 아니고 능력이 모자라서도 아니다. 도토리 키 재기만큼도 못한 차이이지만, 성적에 따른 차이가 주는 자괴감은 아마도 그동안 살면서 느껴보지 못한 경험일 것이다. 그렇게까지 경쟁해야 할 필요가 있을까? 그렇게 박 터지게 경쟁해서 똑같은 길로 나아가도 용의 머리가 될 확률은 점점 더 줄어든다. 내가 정작 잘하는 것은 다른 아이들과 전혀 다른 것일 수도 있다는 생각을 할 여유도 없다.

조금만 달리 생각하면 뱀의 머리가 되어 미래가 보장되는 길이 보일 것이다. 강소기업이란 고용노동부가 청년들에게 작지만 강한 성장 의지와 잠재력, 고용안정성을 갖춘 유망 중소기업을 알리고자 하는 목적으로 2012년부터 정부, 자치단체, 민간 부분에서 '일자리 친화' '기술력' 그리고 '재무 건전성' 등을 기준으로 연 1회 선정하는 '작지만 강한' 우수 중소, 중견기업을 말한다(홍예지, 〈2017년 고용노동부 지정 강소기업 선정〉, 《나무신문》, 2017년 5월 29일자). 강소기업은 기업 세계의 작은 거인이다. 이러한 강소기업이 많은 나라는 독일, 미국, 일본 순이다. 중산층이 매우 두터운 사회임을 알 수 있다. 그만큼 안정성이 있어 생활이 불안할 만한 요소가 적다는 의미이기도 하다.

강소기업은 정부, 공공기관으로부터 우수 기업으로 선정되어야 한다. 임금체불이력과 업종 평균 산업재해율, 고용유지율, 신용평가등급 B- 이상 등을 고려해

고용노동부에서 최종 선정한다. 또한 임금 수준은 신입의 경우 월 평균 통상 임금이 200만 원 이상이어야 한다. 그리고 휴가비 및 자기계발, 여가활동 지원 등의 복지혜택도 갖추고 있어야 하며, 근로시간도 주 중 야근이 2일 이하 내지 주말 근무도 월 1회 이하여야 한다. 2017년도에 고용노동부가 이렇게 까다로운 기준을 적용해 강소기업으로 선정한 기업이 1만 6973개소에 이른다.

⏰ **찾기** 청년 친화 강소기업을 '워크넷(www.work.go.kr)'에서 찾아 관심 가는 업종과 기업들을 골라 기본정보와 재무정보, 채용현황 등을 살펴보고 내가 그 기업에 입사한다면 강화해야 할 능력이 무엇인지 정리해보자.

- 기업명 : 서린바이오사이언스

- 기본정보(2020 현재)
  설립일 : 1993. 12. 29
  업종 : 도매 및 소매업
  기업규모 : 강소기업
  근로자수 : 91

- 재무정보(2020 현재)
  자본금 : 4,000,338(천원)
  매출액 : 60,880,234(천원)

- 채용정보
  21세기 세계성장의 흐름을 주도할 바이오(BT)시대에 '세계 최고의 생명과학 전문회사로의 성장'을 함께할 창조적이고 자발적인 인재 모집.
  ※ 상세 회사소개 : 홈페이지(www.seoulin.co.kr) 및 전자공시시스템(dart.fss.or.kr) 참고
  (*코스닥상장기업, 벤처인증기업, 경영혁신형기업, 기술혁신형기업)

- 내가 갖추어야 할 능력
  바이오(BT) 산업을 이끌 생명과학 분야의 전문성
  창조성과 자발성을 갖춘 성과창출형 인재
  독서를 통한 자기계발 및 역량개발, 인문사회적 소양

□ 진로활동(진로 탐색): 기업정보탐색

항목	내용	비고
회사명	서린바이오사이언스	
기업비전	Global Total Solutions Provider in Life Sciences & Healthcare	
인재상	자발성 인재 성과창출형 인재 창조성 인재	
설립일	1993.12.29	
기본기업정보	1) 기업형태: 대( ), 중견( ), 중소(○) 2) 소재지: 　(본사) 경기 성남시 분당구 대왕판교로 700, A동 4층 　(공장) 경기 하남시 하남대로654번길 24-13 3) 연락처: 031-628-3000 4) 매출액: 50,515,306(천원), 2019년 기준 5) 영업이익: 8,313,596(천원), 2019년 기준	
사업아이템	1) 주요브랜드: 생명공학(바이오사이언스) 2) 주요 제품: 생명공학제품, 연구용기초시약, 세포배양혈청, 유전자진단시약, DNA분석장치, DNA증폭장치 도매·제조·연구개발	
채용정보	1) 인사제도: 능력과 성과에 따른 각종 보상제도 　　　　장기 근속자 포상 　　　　장기 근속자 해외연수 　　　　우수사원 표창 맟 포상 2) 채용절차: 입사지원서 다운로드-작성-제출 　　　　입사지원서 제출처(E-mail제출) : recruit@ 　　　　seoulin.co.kr 3) 복지: 유연근무제, 휴가지원, 휴게실, 구내식당, 육아시설, 　　　교육비지원, 문화생활비, 동호회, 해외연수지원 4) 고용조건: 장기 근속자 우대 　　　　신입 맟 경력직 정규직 채용	
내가 갖추어야 할 능력	자발성 인재: 자기 삶의 최고경영자로 자신의 삶을 누리기 위해 자발적으로 일하는 사람 성과창출형 인재: 잘 듣고 보고 지금 여기를 알아차려 성과를 창출하는 사람 창조성 인재: 일을 과제가 아닌 작품(예술)으로 의미를 부여하며, 삶을 풍요롭게 누리는 사람	

2019년 11월 21일 SBSCNBC 뉴스에 따르면, 산업통상자원부는 세계 점유율 5위 이내이거나 7년 안에 5위 이내에 포함될 가능성이 있는 제품인 세계일류상품 생산기업 116곳을 새롭게 선정하여 발표했다.

사람들은 세계일류상품을 대부분 대기업이 만든다고 생각할지 모르지만, 실제로는 중소·중견기업이 103곳으로 전체의 90퍼센트를 차지했다. 이들 기업이 만들어낸 세계일류상품 가운데 소재·부품·장비 품목은 60개로 전체 신규 품목의 65퍼센트가 넘었다. 또한 세계일류상품 생산기업의 수출은 최근 5년 동안 우리나라 총수출의 40.7퍼센트를 차지했다. 특히 중소·중견기업들의 비중은 지난 2001년 40퍼센트에도 못 미쳤지만 2019년 현재 80퍼센트에 가까워져 수출 저변 확대는 물론 우리나라 수출의 버팀목 역할을 하고 있다. 특유의 유연성으로 글로벌 경제의 불확실성에 대응하는 역량을 높이는 데 긍정적인 역할을 하고 있는 것이다.

이처럼 중소기업의 위상과 역할이 과거와는 많이 달라졌는데도 여전히 대기업이 무조건 좋다는 선입견은 요지부동이니 안타까울 뿐이다. 4차 산업혁명과 포스트 코로나 시대로 대변되는 뉴노멀 시대로의 변화가 급속하게 진행되고 있다. 2차 산업혁명 시대의 소품종 대량생산 체제에서나 통했던 대기업 취업이 제일이라는 로망이 다양한 소품종 소량생산으로 바뀌고 있는 4차 산업혁명 시대에도 통할 것이라는 사고에서 벗어나야 할 때다.

- 일하기 좋은 중소기업 goodcompany.korcham.net

- 청년친화강소기업 www.work.go.kr/jobyoung/smallGiants/

smallGiantsMain.do

8

강소·중견기업에서
성공 취업의 길을 찾아라

앞에서 내가 가고자 하는 중소·중견기업을 찾는 방법을 제시했다면 이제 본격적으로 취업 준비를 해야할 단계다. 성공적인 취업의 길을 찾는 방법은 이렇게 정리할 수 있다. 먼저 기업이 인력을 채용하는 과정(기업 채용 프로세스)을 이해하고, 다음으로는 기업에서 원하는 인재상이 무엇인지 파악해야 하며, 마지막으로 기업의 채용 방식이 어떻게 변하고 있는지를 알아보는 것이다. 이 순서에 맞춰 내용을 하나하나 알아보자.

먼저 기업 채용 프로세스를 이해할 필요가 있다. 아래 그림은 기업이 인력을 채용하는 과정과 취업 희망자가 직장을 구할 때 우선적으로 취하는 행동을 시각적으로 표현한 것이다.

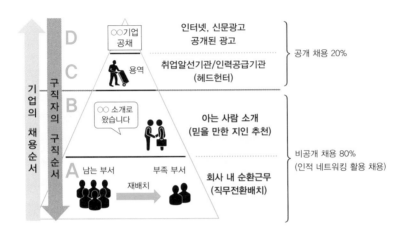

A 단계부터 살펴보자. 일반적으로 기업에서 지출하는 항목 중 인건비 비중이 상당하므로 기업 입장에서는 최대한 회사 내 인력을 활용하려고 노력한다. 그런데 회사를 운영하다 보면 때로는 어느 부서에는 인원이 넘치고, 어느 부서에는 모자라는 경우가 왕왕 있다. 이럴 때 기업은 신규 채용을 하기보다 인력이 넘치는 부서에서 지원을 받거나 직무를 전환하여 재배치하는 식의 조치를 하게 된다. 회사내 순환근무가 이런 방법의 일환이다. 중소기업에서는 이런 인적 네트워킹을 활용하는 채용이 가장 흔한 경우라고 할 수 있다.

다음으로 B 단계를 보자. 회사에 근무하는 직원 중 신뢰할 만한 이의 소개로 채용하는 경우다. A 단계만큼은 아니어도 이런 경우가 꽤 있다. A 단계나 B 단계의 채용은 '비공개 채용'이라고 할 수 있다. 그럼 왜 A 단계나 B 단계의 채용이 이뤄지는 걸까? 인력을 채용하기 위해서 공채 방법을 쓸 경우 인력 선발에 들어가는 비용이 만만치 않다. 인터넷이나 신문 같은 각종 매체에 공고를 하는 데 돈이 들 뿐 아니라 지원자의 서류를 받아 검토하고 면접을 치르는 모든 과정에 상당한 비용이 든다. 그뿐만 아니라 시간도 꽤 들여야 한다. 그러나 A 단계나 B 단계처럼 비공개 채용을 한다면 채용을 위한 비용을 절약할 수 있을 뿐 아니라 신뢰할 수 있는 사람의 소개를 통한 채용이라 실패할 확률이 낮고 효율적이라 할 수 있다.

이제 C 단계를 살펴보자. 이 경우는 외부에 용역을 주는 방식으로 인력을 채용하는 방법이다. 취업알선기관이나 인력공급기관의 협력을 통해 적합한 인재를 찾기도 하고 전문적인 헤드헌터에게 기업에 맞는 인재를 찾도록 의뢰하기도 한다.

D 단계가 가장 일반적으로 취업 희망자들이 기업의 채용 정보를 접하는 방식이다. 인터넷이나 신문 등에 공고를 내고 몇 명을 언제 채용한다고 알리는 방식이기 때문이다.

C 단계와 D 단계를 흔히 '공개 채용'이라 한다. 기업은 대체로 A-B-C-D의 순서로 채용을 하게 된다. 그런데 구직자는 이와 반대로 D-C-B-A 순으로 일자리를 알아보게 된다. 기업이 A-B-C-D의 순서로 채용하는 것을 '기업 채용 프로세스'라 한다. 취업자의 생각과 달리 기업의 입장에서도 인적 네트워킹은 매우 중요하다. 공개 채널을 통한 공채는 빙산의 일각처럼 20퍼센트밖에 되

지 않고, 나머지는 인적 네트워킹을 통해 이뤄지기 때문이다. 사람
이 살아가는 과정에서 인적 네트워킹의 중요함은 더 말할 필요가 없
다. 커뮤니케이션과 사회성이 중요한 이유다.

　기업의 채용 프로세스를 이해했다면 이제 기업이 원하는 인재상
을 살펴볼 차례다. 대한 상공회의소에서는 5년마다 기업 인재상의
변화를 설문조사하여 그 결과를 발표하고 있다. 2008년과 2013년
그리고 가장 최근 자료인 2018년도의 설문조사 결과를 비교해서 살
펴보자. 업종별로 선호하는 인재상은 다를 수 있다. 한 가지 분명한
점은 기업이 원하는 인재상이 시대의 흐름에 따라 달라진다는 사실
이다. 아래의 설문조사 결과를 보면 기업이 원하는 인재상이 어떻
게 변화하고 있는지 파악할 수 있다.

　2008년은 세계적인 금융위기의 시대였다. 이때 기업은 창의성과

구분	2008년	2013년	2018년
1순위	창의성	도전정신	소통·협력
2순위	전문성	주인의식	전문성
3순위	도전정신	전문성	원칙·신뢰
4순위	원칙·신뢰	창의성	도전정신
5순위	소통·협력	원칙·신뢰	주인의식
6순위	글로벌역량	글로벌역량	창의성
7순위	열정	소통·협력	열정

기업이 원하는 인재상의 변화

전문성을 갖춘 인재 위주로 선발했다. 2013년은 장기적인 저성장과 경기 침체가 계속되던 때였다. 이때는 이런 저성장과 침체된 경기를 돌파할 능력을 갖춘 인재가 필요했으니 기업들이 적극적인 도전 정신과 주인의식을 가진 인재를 요구한 것은 어쩌면 당연한 결과가 아니었을까?

2016년 1월 세계경제포럼은 '4차 산업혁명'을 화두로 던지며 많은 논란을 낳았다. 하지만 점차 이를 시대의 흐름으로 인정하게 되었다. 2018년도에는 AI나 로봇과의 협업이 중요해졌고, AI와 로봇이 못하는 일을 인간이 맡아서 하게 되는 경우가 많아 기업들은 소통능력 및 협력능력 그리고 전문성을 갖춘 인재를 선호하는 경향을 보였다.

100대 기업의 CEO를 대상으로 설문조사한 내용과 중소·중견기업의 경우도 크게 다를 바 없다. 대기업에 비해 중도 퇴사율이 높은 관계로 중소·중견기업의 인재상에는 인내력과 끈기가 주요한 능력이 된다. 다음 조사가 이뤄지는 2023년에는 기업들이 어떤 인재상을 선호하는 것으로 나올지 그 결과가 자못 궁금해진다.

기업에서 원하는 인재상이 시대의 흐름과 환경에 따라 변화하는 것을 보았다. 그런데 나무늘보처럼 답답하게 움직이는 것이 있다. 바로 교육 방식이다. 취업 희망자들은 취업 준비조차 대학 입시를 준비하듯 학원이나 과외 등을 통해 대비하려고 한다. 상황이 이렇다 보니 구직자가 제출한 이력서나 자기소개서 내용이 천편일률적으로 나타난다. 이런 당혹스러운 현실을 마주한 기업의 입장에서는 적합한 인재를 변별할 만한 자료가 없어 고민이 깊어질 수밖에 없다.

자신이 기업의 CEO라고 가정하고 사원을 뽑는 입장이 되어보면 어떨까? 과연 지금의 자신을, 자기가 키우고자 하는 회사에 필요한 인재로 뽑을 수 있을지 돌아볼 필요가 있지 않을까? 내가 학생들을 취업시키기 위해 모 기업을 방문했을 때 인사 담당 부장이 했던 말이 기억에 남아 있다. '회사에서 신입사원을 뽑는 것은 일종의 사회적 기부활동'이라는 얘기였다. 참으로 '웃픈 현실'이다. 오죽하면 인사 담당자가 그런 말까지 했을까? 취업 희망자가 갖춘 능력과 기업이 뽑으려는 인재상이 얼마나 일치하지 않는지를 미루어 짐작할 수 있는 대목이다.

무작정 스펙부터 갖추고 취업문을 두드릴 것이 아니라 내가 가고자 하는 기업이 원하는 인재상을 면밀히 파악하고, 입사하여 일을 잘할 수 있음을 증명하거나 가능성을 명확히 보여줄 때 취업 성공이라는 기쁨을 누릴 수 있다.

기업은 이윤을 창출하고자 한다. 기업의 입장에서는 어렵게 뽑은 사원을 직무에 바로 투입하여 어느 정도 성과가 나오기를 기대하는 것은 너무나 당연하다. 이 때문에 기업은 업무를 전혀 모르는 신입보다는 경력직을 선호할 수밖에 없다. 요즘처럼 경기가 어려울 땐 신입사원 공채에 따른 막대한 비용을 감수하기엔 기업이 느끼는 부담이 클 수밖에 없다. 이 때문에 신입사원 선발과 교육, 훈련에 들어가는 비용을 줄이는 방향으로 채용 방법을 바꾸게 된다.

시대적 상황을 볼 때 기업들이 공채보다는 필요에 따라 그때그때 경력사원을 뽑는 수시 채용 방식으로 전환하리라는 것을 쉽게 예상할 수 있다. 따라서 수시 채용에 대한 대비와 경력직으로의 이직을 염두에 둔 진로 로드맵 설계를 심도 있게 고려해보기를 권하고 싶다. 하지만 '취업보다 어려운 게 이직'이라는 말도 있다. 같은 분야의 업무와 경험으로 회사를 갈아타는 이직에 비해 자신의 경력을 과감히 버리고 새로운 직업으로 바꾸는 전직은 여러모로 더욱 어렵다. 가급적 자신의 경력을 살릴 수 있는 방향으로 이직을 권하고 싶고, 정 안 된다면 경험을 살릴 수 있는 새로운 창업을 고민하는 것도 나름의 방법일 수 있겠다.

마지막으로 채용 방식의 변화를 이해할 필요가 있다. 첫째, 대기업마저 공개 채용에서 비공개 채용으로 바꾸고 있다. 둘째, 정기적으로 전·하반기 정기 채용에서 수시로 필요할 때 채용하는 것으로 바뀌고 있다. 셋째, 신입사원 모집 인원이 줄어들고, 인턴사원이나 경력사원 모집 인원이 늘어나고 있다. 넷째, 비용 절감을 위해 정규직보다는 비정규직 채용을 선호하고 있다. 다섯째, 블라인드 채용, NCS 채용, AI 채용 방식 등으로 채용 방식도 점차 변하고 있다.

국가직무능력표준(www.ncs.go.kr) 홈페이지에서 블라인드 채용과 NCS에 의한 채용에 관한 상세한 정보를 얻을 수 있다. 현재 AI 채용은 4차 산업혁명과 포스트 코로나로 대변되는 뉴노멀 시대의 채용 방식으로 서서히 그 입지를 넓혀가고 있는 추세다.

우리 사회는 교육의 지향점을 아직도 대학 입학에 두고 있다. 하지만 이제는 교육의 지향점을 직업 선택과 진로에 맞춰야 한다. 대학 입학이 인생의 최종 목표인 양 에너지를 쏟아낸 아이들은 대학에 진학하고 나면 정작 사춘기 시절 스스로 방황하고 고민하면서 찾아내야 했던 공부의 목표가 없음을 깨닫고 당황하게 된다. 자신이 선택한 학과와 관련된 취업 걱정까지 어우러지면 '대2병'이라는 우울증 아닌 우울증이 나타나기도 한다. 이를 방지하기 위해 중·고등학교 시절부터 대학에 이르기까지 체계적인 진로 설계가 필요함에도 불구하고 모든 것이 대입 준비에 매몰되다보니 진로는 뒷전인 게 현실이다.

이 책의 3장에서 인터뷰한 민재 군의 어머니가 하신 말씀이 떠오른다. 30년 전에 배웠던 교과서 내용과 지금의 교과서 내용에 별반 차이가 없어 대안학교를 찾게 되었다는 이야기다. 교사의 한 사람으로서 미안한 마음뿐이다. 또한 대학 입시만을 향해 내몰리는 아이들을 볼 때 안쓰럽고 답답하다.

중세시대 독일 하멜른의 피리 부는 사나이가 불어대는 피리 소리에 홀려 남들 따라 꼬리에 꼬리를 물고 따라가는 쥐 떼처럼, 낭떠러지로 떨어지는 줄도 모르는 채 입시 지옥으로 따라가는 어리석음을 더는 범하지 않기를 간절히 바란다.

직업 시대를
아는 사람들,
레벨 업!

1

복학을 포기하고 알바하다 얻은 아이디어로 창업하다

"드디어 나도 민간인이다!"

부대 밖을 나와 정류장에 선 원종훈 군은 하늘을 향해 두 주먹을 뻗어 올리며 소리쳤다. 대학에 입학하고 1학년 2학기에 군대를 갔다. 무사히 제대 후 복학까지 남은 기간이 두 달 남짓 되자 평소 부지런하던 그는 무역 회사에서 알바를 시작했다. 몸으로 하는 작업이 많아서 피곤했지만, 알지 못하는 분야의 일을 배우는 재미가 컸다. 알바를 하면서 그 분야에 대한 경험을 쌓는 가운데 '나라면 이렇게 운영해볼 수도 있겠다' 하는 아이디어가 떠오르면서 스스로 사업을 해보고 싶다는 욕구가 강해졌다. 학교에 가야 하는 날은 다가오는데 정작 복학보다는 사업을 해보고 싶다는 마음을 접을 수 없었다. 결국 부모님께 말씀드리고 복학을 미룬 상태로 6개월 더 알바를 하면서 경험을 쌓았다. 그렇게 경험이 깊어지자 복학보다 취업부터 해야겠다는 생각이 강해졌다.

1년을 더 다니면서 보고 느낀 것을 통해 그는 마침내 창업해야겠다는 결심을 굳혔다. 부모님께 복학보다 사업을 해보고 싶다고 말씀드렸다. 대학교 2학년으로 진급도 못한 상태에서 사업부터 하겠다고 했으니 반응이 오죽했을까? 부모님 입장에서는 마른하늘의 날벼락과 같았다. 원종훈 군의 부친은 제조업 쪽으로 사업을 해온 분이어서 대놓고 반대하진 않았지만 뻔히 고생할 아들을 생각해서 내켜하지도 않으셨다. 모친은 말이 되는 소리를 하라며 성을 내셨다. 그러나 그는 사업을 하고 싶은 마음이 너무 커서 스스로도 마음을 꺾을 수 없어 결국 부모님 앞에 무릎을 꿇고 설득에 나섰다. '블랙스완' 문신까지 새겨 굳은 결심을 보여드리니 자식 이기는 부모 없다는 말처럼 부친은 반승낙을 하셨고 모친은 대학 졸업부터 하라며 돌아앉으셨다.

우여곡절 끝에 원종훈 군은 자신의 아이디어대로 사업을 시작했다. 그렇게 할 수 있었던 배경에는 1년 6개월간 회사에서 알바를 한 경험으로 나름 노하우가 생긴 것도 있고, 고등학교 시절 내내 창업과 관련된 사업계획서를 써서 창업대회에 나가곤 했던 경험이 크게 작용했다. 또한 아버지가 사업을 하시기에 자신도 모르게 사업에 대한 판단력이 길러진 부분도 있고, 수차례 시행착오와 실패를 거듭하며 얻은 도전정신도 한몫했다. 아울러 관심을 두고 읽은 책 또한 자신의 소신을 돌아보고 실패의 이유를 알아내는 과정에 꽤 도움이 되었다.

그렇게 블랙스완커머스라는 작은 무역 플랫폼 회사를 시작했다. 물론 쉽지 않았다. 잠자는 시간도 아낄 만큼 정말 열심히 뛰었다. 그 덕분에 현재 사무실 직원 10명과 현장직 70명 정도 되는, 운수와 물류를 겸한 무역 플랫폼 회사를 만들 수 있었다. 일한 만큼 보람 있고 재정적으로도 안정이 되어갔다. 그러던 어느 날 코로나19라는 전 지구적인 위기가 발생하여 거래하던 물류센터가 갑자기 셧다운(일시적인 부분 업무정지 상태)이 되었다. 원종훈 대표가 운영하는 회사도 영향을 받지 않을 수 없었다. 마치 혈관 한 곳이 막힌 것처럼 일도 재정도 흐름이 끊기고 어려워지기 시작했다. 미처 이런 상황을 생각지 못한 그는 공황 상태에 빠질 수밖에 없었다.

그런 그를 붙들어주고 힘을 준 것은 역시 그의 아버지와 일하면서 쌓은 고마운 분들과의 인연, 고교 시절 창업대회에 나가면서 쌓은 경험 그리고 알바와 취업한 곳에서 얻은 경험이었다. 포기하고 싶을 때가 여러 번 있었으나 어깨에 자신이 세운 회사 이름까지 문신으로 새겨가며 애착을 갖고 매달린 사업인지라 스스로를 독려하면서 정말 힘겹게 견뎌나갔다. 그 결과 예전만큼은 아니지만 코로나19 위기가 여전히 진행 중인 것을 생각하면 스스로 생각해도 용하다 싶을 만큼 안정을 찾았다며 이제는 좀 웃을 수 있다고 했다.

부친은 이왕이면 대학도 다니면서 사업을 하면 어떻겠느냐고 하지만 아직은 그런 여유를 갖기 어렵고 두 가지를 병행할 여력이 없으니 사업부터 잘해보겠다고 말씀드렸단다. 사업이 안정되고 여유가 생기면 그때는 야간 대학이라도 가서 경영학을 더 공부해볼 생각이라고 한다. 그리고 최근 특허 등록에 성공한 물류사업 관련 플랫폼시스템을 기반으로 미래에 지금의 롯데물류를 능가할 만한 사업체를 갖고 싶다는 꿈도 생겼다고 말하는 그의 얼굴에 또 다른 도전 의지가 보였다.

⏰ **3분 인터뷰** -

회사명이 블랙스완인데 지을 때 어떤 의미를 담았나요?

사전에 "일어나지 않을 것 같은 일이 실제로 일어나는 현상"이라고 명시되어 있는데요, 기존 틀에서 벗어나 새로운 패러다임을 만들고 물류의 정점에 서겠다는 저의 포부를 담았습니다.

사업하는 데 정말 필요한 공부가 있다면 무엇인가요?

책을 읽고 다양한 사람을 만나는 게 정말 필요한 공부인 것 같습니다. 다양한 사람을 만나 이야기를 나누고 토론을 많이 한 것이 저한테는 정말 큰 도움이 되었어요.

실패한 적이 있나요?

사업하는 과정에서 큰 회사를 인수한 적이 있습니다. 나중에 알고 보니 제가 모르는 빚이 3억 정도 있더군요. 경험이 없는 상태에서 인수한 터라 그 타격이 컸습니다. 그러나 이겨내고 나니 그 실패가 지금 사업을 운영하는 데 도움이 되었습니다. 실패 경험도 이겨내면 자산이 됩니다.

현재 사업하면서 겪는 애로사항이 있나요?

운수사업은 직종의 특성상 아무래도 일하는 분들이 연세가 많으세요. 그러다 보니 소통의 문제가 있고, 또 운수업을 하는 분들의 직업상 성향이 다소 거칠어 인력 관리에 어려움을 겪을 수 있습니다. 저는 나이가 어리고, 돈을 관리하는 방법을 몰라 어려움이 많았습니다. 상황이 좋지 않을 때는 공황장애까지 겪었어요. 잘 이겨내서 지금은 괜찮습니다.

창업하려는 사람들에게 하고 싶은 말이 있나요?

먼저 저의 신조를 말하고 싶습니다. 《논어》에 나오는 "견리사의 見利思義 견위수명 見危授命 구요불망평생지언 久要不忘平生之言"입니다. 이익을 보면 의를 생각하고, 위태로움을 보면 목숨을 바치며, 오랜 약속일지라도 지난날의 말을 잊지 않는다는 뜻이지요.

또한 창업은 앞에서 언급한 여러 가지 어려움을 각오하고 도전하라고 말하고 싶습니다. 저는 어린 나이에 시작해서 어려움을 많이 겪은 탓에 솔직히 창업을 추천하지는 않습니다. 어쩌면 나이에 맞춰 그때그때 적합한 직업을 갖는 편이 나을지도 모르겠다는 생각도 듭니다. 그래도 창업하고자 한다면 일단 자금이 어느 정도 있어야 하겠고, 직업상 소통에 어려움이 있을 수 있다는 것을 인식하고, 어떻게 해결할 것인지를 고민해야겠죠? 어느 정도 인맥이 있어야 사업을 진행하면서 도움 받기 쉽구요. 아무래도 본인이 장착해야 할 가장 큰 무기는 적게라도 다른 곳에서 경험을 쌓고, 실패하더라도 주눅 들지 않고 다시 도전하는 정신 자세라고 봅니다. 한 가지 더 추가하자면 책을 손에서 놓지 말라고 하고 싶네요. 부족한 경험을 채우는 데 책만큼 유용한 것은 없다고 봅니다.

원종훈 대표를 만나 고교 시절 공부보다 창업대회, 사업계획서 발표대회, 토론 동아리 활동 등에 몰두했고, 그런 활동을 통해 상도 받았다는 이야기를 들을 수 있었다. 일찍이 그의 관심 분야는 사업이었다. 이 때문에 학창 시절의 다양한 활동이 나중에 창업하는 데 실질적인 도움이 되었다는 사실을 알 수 있었다.

그는 사업하기 전에 이미 충분한 경험을 쌓았다고 볼 수 있다. 대학에 복학하지 않고 창업해 지금까지 회사를 잘 운영해가고 있는 이 사례를 소개하는 이유는, 대학을 나와야 취업이나 창업할 수 있다고 생각하는 이들의 인식을 넓혀주고 싶었기 때문이다.

2

공무원 지망생에서
웹소설가로 거듭나다

시골에 살던 김수민(가명) 양은 고등학교 시절까지 특별한 꿈이
없었다. 학창 시절을 통틀어 자신이 무엇을 잘하는지 알아볼 기회
가 없었고, 입시에 밀려 무엇을 하고 싶은지 별로 생각해본 적이 없
었단다. 인문계 고등학교라서 대학 입학이 학교에서 세워준 유일한
목표였고, 남들이 대학을 가니 나도 가야 하나보다 했단다. 그렇게
대학에 진학해 졸업할 무렵 공무원이 가장 좋은 직장이라 말씀하시
는 부모님과 주변 어른들의 뜻에 따라 그냥 7급 공무원 시험 합격을

목표로 잡고 또다시 지겨운 시험 준비에 들어갔다. 계속 시험에 떨어지며 7년이 훌쩍 지나갔다.

공무원 시험에 거듭 낙방하며 그녀는 점점 의기소침해지고 우울해지면서 점점 말을 잃어갔다. 누군가한테 털어놓고 이야기하고 싶었지만 이미 입사해서 바쁜 친구들을 붙잡고 하소연할 수도 없었다. 하루에 한두 마디의 말도 못하고 지나는 날이 길어지자 나중에는 말하는 게 어색할 정도였다. 또다시 시험 결과를 확인하던 그날, 우울감에 가득 차 독서실 칸막이 사이에 놓인 작은 스탠드 등 하나에 의존해 책을 보다가 어느 순간 말이 하고 싶어 정말 미칠 것 같았단다. 결국 그녀는 스마트폰에 연결할 수 있는 무선 키보드 중에 가장 소리가 덜 나는 것을 하나 산 다음 독서실에 앉아 혹여 소리가 새어나갈까 싶어 담요까지 뒤집어쓴 채로 스마트폰을 모니터 삼아 2주 내내 글을 쓰기 시작했다. 마음 가는 대로 글을 쓰기 시작하자 속 깊이 자리 잡고 있던 울분의 응어리가 녹기 시작했다. 마치 누군가 빗자루로 마당을 쓸 듯, 방 가득히 쌓인 먼지를 살랑거리는 바람이 쓸고 가듯 그렇게 스트레스가 풀리기 시작했다.

글쓰기는 그렇게 시험지옥을 벗어나는 탈출구가 되어주었다. 김수민 양을 제외하고는 독서실 동료들이 모두 고등학생들이라 그들이 학교 간 오전 8시부터 오후 6시까지 10시간 동안 독서실은 온전히 그녀이 공간이 되었다. 그 와중에도 혹시나 누군가에게 민폐를 끼치기 싫어 자판을 두드리는 손 위로 담요를 덮은 채 조용조용, 조심조심 글을 입력했다.

지금 생각하면 도대체 무슨 정신으로 그 조그만 스마트폰 화면을 보고 글을 썼을까 싶을 때가 있다고 한다. 앞뒤 문단 내용조차 제대로 안 보이는 조그만 액정일 뿐이었지만, 그때는 너무나 절박했기 때문인지 전혀 문제가 되지 않았다. 그렇게 조아라 Joara (인터넷 소설 웹사이트)에 첫 소설을 올리고 바로 출간 계약이 이루어졌다. 글을 쓴 지 불과 3주 만에 벌어진 일이었다.

"내가 올린 글의 조회 수가 수십만까지 올라갈 만큼 누군가가 보고 있다는 것이 신기했고, 그것이 소득으로 통장에 입금되는 것도 신기했어요. 순간 울컥했죠. 이 길이 내 길이었나 싶었어요."

그 뒤로 정말 열심히 온종일 글을 쓰기 시작했다. 2019년 11월부터 2020년 2월 초까지 불과 석 달 사이에 두 작품, 거의 100만 자 분량의 글을 썼다. 생각만큼 만족스러운 글쓰기는 아니었지만 완결 짓고 나니 시험 준비할 때는 만져볼 수 없었던 소득이 통장으로 입금되었다. 글쓰기는 시험 공부와 달리 10시간을 해도 스트레스가 되지 않고 소득까지 생기니 그야말로 일석이조랄까?

2020년 3월 김수민 작가는 네 번째 작품을 썼고, 4월에 조아라와 출간 계약을 하고 계약금을 받았다. 그 뒤 계약금으로 받은 300만 원을 인출해 시골집으로 내려갔다. 그러고는 부모님을 설득했다.

"엄마, 아빠, 저는 글을 쓸 때 가장 행복해요. 글을 완성하고 나면 정말 뿌듯하고 살맛이 나요. 이런 기분을 전에는 느껴본 적이 없어요. 아직은 제 글이 미력하지만 열심히 하면 충분히 안정적인 생활이 가능할 정도로 벌 수 있어요. 아시잖아요, 저 예민해서 사람 만나는 거 힘들어하는 거요. 이런 성격으로 봐도 작가라는 직업은 제게 딱 맞아요."

마침내 부모님도 그녀가 좋아하는 것이 그 길이라면 해보라 하며 축복해주시자 김수민 작가는 그제야 제대로 숨을 쉴 수 있었다.

 3분 인터뷰 -

웹소설 작가라는 직업의 장점은 무엇인가요?

대인관계에 스트레스 받지 않고 혼자 일할 수 있어요. 계약한 매니지먼트사와는 대화가 좀 필요할 수 있어요. 그렇지만 내용을 고민하는 것도, 쓰는 것도 전적으로 자신의 몫입니다. 재택근무가 가능하다는 장점이 있습니다. 통근을 안 하니 개인 시간이 많습니다. 노력하는 만큼(많이 쓴 만큼) 소득이 나옵니다. 대인관계, 학연과 출신 대학, 상사와의 관계나 줄타기, 외부 조건 등과 관계없지요.

무엇보다 창작의 즐거움을 느낄 수 있습니다. 작품 속에서는 신적 능력을 가진 존재, 초능력이 있는 경찰, 분신을 만들 수 있는 능력을 얻은 남자의 이야기 등, 내가 상상한 일을 마음껏 그려낼 수 있으니까요.

웹소설 작가라는 직업의 단점은 뭐라고 생각하나요?

글쓰기는 자신과의 고독한 싸움이기에 명상 등을 통한 멘털 관리가 필요해요. 생각보다 매출이 안 나올 수도 있고, 기대만큼 독자가 안 모이는 등의 변수가 생길 수 있어요. 이때 의지력이 강하지 않으면 휘청거리고 버티기 힘들어집니다. 특히 장편일수록 글쓰기가 쉽지 않고, 때로는 글이 안 써질 때의 고통도 이겨내야 합니다. 무엇보다 자신감이 떨어졌을 때 멘털 관리가 중요한데, 이 부분을 지키는 사람이 생각보다 많지 않습니다. 악플을 보고 우울감에 빠져 헤어나오지 못하는 경우도 적지 않습니다.

웹소설 작가에게 운동은 필수입니다. 밤새 글을 쓰다 낮밤이 뒤바뀌거나 불규칙한 생활에 체력이 고갈되기 쉽죠. 하루 8시간 이상 키보드를 치려면 체력이 요구됩니다. 갑자기 몸이 훅 갈 수 있으니 반드시 조금이라도 운동해주세요. 스쿼트 등 간단하지만 지속적으로 할 수 있는 운동을 추천합니다.

웹소설 작가가 되는 법을 알려주세요.

조아라(로맨스)나 문피아(판타지) 같은 사이트에 연재하여 랭킹에 진입한 후 매니지먼트사와 계약하고 정식으로 연재 및 출간이 되면 시리즈 플랫폼으로 진출이 가능합니다. 물론 자유 연재도 가능합니다. 네이버의 경우 계약을 맺은 작가들이 원고료를 받으면서 정기적으로 자신의 소설을 연재합니다.

글쓰는 법이나 작가가 되기 위한 팁이 이미 온라인에 많이 있습니다. 판타지 소설의 경우 정룡필 작가의 블로그가 현재로서는 원톱으로 꼽힙니다. 그분 블로그에서 웹소설 쓰는 법을 배워 그대로만 쓸 수 있다면 적어도 월 500은 벌 수 있다고 하니, 노력하고 또 노력하다 보면 가능하겠죠?

웹소설 작가의 소득 수준이 어느 정도인지 궁금합니다.

하루 1편, 5000자 정도 연재할 때 소득이 나옵니다. 작품을 완결하고 예스24 등 수많은 플랫폼에 e-북 출간 시 소득이 생깁니다. 글을 화려하게 쓰지 못하더라도 재미를 주는 최소한의 장치를 넣는 노력을 기울이면 출간이 가능합니다. 저작권법에 따라 작가 사후 70년 동안 저작권이 유지됩니다. 웹소설 작가는 글을 연재할 때와 아닐 때 소득의 변화가 큰 편입니다. 작품을 준비하는 기간에는 소득이 자연적으로 줄어들 수밖에 없지요. 그러니 안정적인 소득을 원한다면 소득이 줄어드는 구간을 잘 대비할 필요가 있습니다.

웹소설 작가로서 후배들에게 하고 싶은 말이 있나요?

저는 지금의 길을 찾기까지 7년이란 시간을 헤맸지만, 중·고등 시절을 보내고 계신 분들께는 많은 것을 체험해보라고 권하고 싶습니다. 지금 10대와 20대에게 웹소설은 익숙한 문화입니다. 충분히 쓸 능력이 있는데도 본인이 쓸 수 있다는 생각을 못 한 채 독자로만 남는 경우가 많아요. 웹소설 작가는 끈기가 있어야 해요. 글쓰기에 관심이 있고, 재능까지 갖췄다면 금상첨화겠지만, 그렇지 않더라도 중간에 포기하지 않는다면 대부분 출간이 됩니다. 반면 글쓰기를 좋아해도 생각만큼 소득이 생기지 않는 것 같아 중도에 포기한다면 더 이상의 발전은 당연히 이룰 수 없겠지요?

웹소설 작가의 세계는 기본적으로 재능을 가진 사람이라고 해서 오래 가지는 않습니다. 처음에 초대박이 나도 다음 작품이 똑같이 히트한다는 보장은 없습니다. 그리고 일반 사람들 눈엔 그것조차도 대박인데도 본인이 만족하지 못한다면 몇 년 있다가 바람처럼 사라지는 경우도 많습니다. 중간에 포기하지 않고 꾸준히 노력하면 어느 정도 결과가 나오는 것이 웹소설의 세계라고 생각합니다.

- -

2010년도 이후 스마트폰이 본격적으로 보급되면서 웹소설 장르가 자리를 잡아가고 있다. 〈구르미 그린 달빛〉, 〈신데렐라와 네 명의 기사〉처럼 잘 쓰인 웹소설의 경우 드라마나 영화로 제작되는 경우도 늘고 있다. 현재 웹소설 플랫폼은 조아라, 문피아, 네이버, 로망띠끄, 스토리야 등이 있으며 그 수도 늘고 있는 추세다. 장르는 판타지, 무협, 로맨스, 현판, 로판 등등으로 나뉘고, 내용은 서로 비슷한 스토리라인을 가지는 경우가 많다.

웹소설은 아직 시작 단계다. 글이란 것이 쓰면 쓸수록 노하우가 생긴다는 김수민 작가의 말처럼 시간이 지나면 양질의 콘텐츠 위주로 작가도, 업체도 재편될 수 있다. 좋은 콘텐츠라면 드라마나 영화와 연결되어 다시 태어나는 기회도 생길 수 있다. 창의적인 아이디어는 그만큼 대접받는다.

　학교가 학생들의 숨은 재능을 찾을 기회를 제공해야 하는 이유를 김수민 작가의 사례가 보여주고 있다. 현업 웹소설 작가로서 열심히 작품 활동을 하고 있는 그녀는 오로지 공무원 합격을 위해 아까운 시간을 허송세월했다며 아쉬워했지만, 내가 보기에 그녀는 입시나 대학, 공무원 취업만이 좋은 선택이 아님을 깨닫고 자신의 길을 찾았으니 그나마 운이 좋은 사람이라고 본다. 시간이 지나 더욱 좋은 글로 사람들과의 만남을 이어가는, 장수하는 웹소설 작가가 되길 기대해본다.

3

국내 1호 개인브랜드 매니저,
국도형 대표

인터넷 검색창에 국도형이라는 이름을 치면 위키백과 내용을 비롯해 다양한 이력과 활동 기록이 뜬다. 연예인도 아닌 젊은이가 이렇게나 많은 직업과 기록을 보유하고 있다니…. 나는 그가 어떤 사람인지 궁금해졌다.

작은 카센터를 운영하시던 그의 아버지가 IMF 사태로 순식간에 빚더미에 앉았고 사기까지 당하면서 온 가족이 겨우 월세방에 모여 살아야 했다. 전기와 수도까지 끊겨 고생스러운 10년이었다.

"당시 공부를 썩 잘하지 못했던 저는 일찍이 대학을 포기하고 취업 시장에 발을 디뎠죠. 휴대폰 판매를 시작으로 자동차 영업, 콜센터, 보험, 단순 서비스직까지 안 해본 일이 없는 것 같아요. 머릿속에는 빨리 돈을 벌어 부모님께 효도해야겠다는 생각만 가득했어요."

그러나 생계를 책임지던 어머니가 쓰러지시고, 통장 잔고가 겨우 300만 원 정도밖에 안 된다는 사실을 알게 되면서 그제야 안일하게 살아온 자신에 대한 후회와 절망감이 밀려들었다. 다행히 친척과 지인들의 도움으로 고비를 넘겼다.

그는 무엇이 어디서부터 잘못된 것인지 알고 싶어 그 길로 직장을 그만두고 자기계발서를 미친 듯이 읽기 시작했다. 인생 성공에 대한 답을 찾고 싶었다. 그만큼 절박했다. 수십 권의 자기계발서를 읽으면서 내린 결론은 '자기 인생의 성공 기준은 자기가 정하는 것이고 방법 또한 정해져 있지 않다는 것'이었다. 자기계발서의 모든 이야기는 전부 '사람'에 힌트가 있었다. 그중에 가장 눈에 띈 '자리가 사람을 만든다'라는 말이 그의 신조가 되었다.

당시 현실은 돈 한 푼 없는 스물다섯 살 고졸 백수 알바생. 그는 자기 자리 만들기에 도전했다. PC방에서 수없이 이력서를 작성하고, 여기저기 언론사에 무작정 이력서를 넣었으나 회신은 없었다. 그러다 실수로 답신을 보내온 《위클리피플》이라는 매거진의 면접 통지를 받고 회사를 찾아갔다. 담당자가 학력 미달이란 이유로 면접조차 허용하지 않자 좌절한 그가 강력하게 항의하면서 결국 싱횡을 알게 된 대표로부터 면접 기회를 받을 수 있었다. 그는 뽑아주기만 하면 3개월 동안 월급을 받지 않겠다고 공약하고서 기적적으로 합격했다.

우여곡절을 거쳐 첫 업무를 보던 날 자신이 인터뷰를 요청하는 사람들의 90퍼센트가 회신해주는 것을 보면서 그는 '자리가 사람을 만든다'는 말의 의미를 확실하게 체험했다. 이후 그는 학점은행제에 등록해 공부를 시작했고, 많은 사람을 만나 성공 노하우를 얻었으며, 그들이 가진 인생에 대한 긍정적 사상과 뚜렷한 방향성을 체감하기 시작했다. 그렇게 많은 사람들과의 관계와 신뢰 속에서 교육복지 사업 프로젝트를 총괄해 이끌었고, 마케팅 회사를 창업하는 등의 활동을 통해 2015년에 연 매출 10억에 이르는 성공을 이룰 수 있었다. 국도형 대표는 자신의 재능을 조금 더 가치 있게 사용할 방법을 찾다가 1인 미디어 시장을 발견하고 우리 사회에 선한 영향력을 끼치는 사람들을 인터뷰하는 방송을 시작했다.

"모르는 사람을 만나 같이 방송하고, 그들과 이야기를 나누며 인생을 깨달아가는 것이 더 재밌었어요. 하지만 그런 흥미가 재능으로 연결되어 돈이 될 수 있다는 사실을 알게 된 순간 모든 것을 포기하고서라도 이것을 직업으로 만들어야겠다는 생각이 들었습니다. 그래서 기존 광고 대행의 틀을 깨부수고, 가지고 있던 스토리텔링과 바이럴 마케팅 기술을 활용하여 개인을 마케팅하는 상품을 국내에선 최초로 개발하게 되었고, 이것을 상품화하여 불모지와도 같았던 시장에 내놓은 것이죠.

결과는 대성공이었습니다."

이후 국도형 대표는 자신이 살아오고 배워온 내용을 발판으로 수많은 사람의 성공을 견인한 국내 유일의 개인브랜드 매니저가 되었다. 그의 저서인 《당신의 몸값은 얼마입니까》는 인터넷 대형서점 자기계발 분야의 베스트셀러로 선정되었다. 지금은 직업 활동 외에도 청년문화포럼, 한국사회공헌협회 등의 수장으로서 수백 명의 청년을 다양한 방식으로 돕는 사람이 되어 있다. 이렇게 상황이 바뀌기까지 10년이 채 걸리지 않았다.

"누구도 만나주지 않던 고졸 국도형은 이제 카톡 메시지 하나로 TV로만 보던 유명인들과 언제든 점심 식사를 함께할 수 있는 사람이 되었습니다. 누군가 저에게 국내에선 존재하지도 않았던 개인브랜드 매니저로 자리 잡은 비결을 묻는다면 이렇게 얘기하고 싶습니다. '불행한 상황은 없습니다. 불행한 사람만 있을 뿐입니다. 자기 자신을 믿으십시오.'"

그는 어린 시절부터 어머니가 늘 하셨던 말씀을 기억한다. '지금 힘든 일을 겪었기 때문에 나중에 더 큰 힘든 일도 잘 견뎌낼 수 있는 것이다'라는 어머니의 말씀은 그가 겪는 모든 상황을 이겨낼 수 있는 희망의 등불로 오늘도 그의 인생의 나침반이 되어주고 있다.

3분 인터뷰 -

전문가 입장에서 개인브랜드가 무엇이라고 보시나요?

개인브랜드란 진짜 자신의 가치를 발견하고, 자신다운 것을 개발하여 특정 분야의 대표성을 띠는 것입니다. 이를 통해 얻어진 여러 가지를 통해 자신답게 사는 것을 목표로 합니다. 즉 가치를 만들어 시간당 소득을 올리고, 이로 인해 생겨난 시간적 여유를 통해 인생에 있어 진짜 자유를 획득하는 것이죠.

개인브랜드의 필요성과 중요성을 간략히 말씀해주세요.

긱 이코노미 현상(Gig Economy), 즉 직업 시장의 고용 구조가 점차 개인화, 프리랜서화 되는 현상인데요. 이미 미국의 경제인구 중 40퍼센트 가까이 되는 사람이 프리랜서로 활동하고 있고, 대한민국도 마찬가지입니다. 최저임금, 근로기준법 강화, 기술의 발달로 인한 일자리 감소, 실버 세대, 취업 시장 재진출 등의 이슈는 꾸준히 프리랜서와 1인 기업을 양산해내고 있죠. 크몽, 탈잉, 숨고 같은 재능 거래 사이트와 늘어나는 유튜버 수만 봐도 우리가 어떤 시대를 살고 있는지 느낄 수 있죠.

또 코로나 시대가 불러온 언텍트 현상, 다양한 비대면 현상으로 인해 기존의 직업 경계가 허물어지고 있어요. 인터넷은 정보가 넘쳐나고, 클릭 몇 번으로 가장 싸게 물건을 파는 곳이 어디인지 알 수 있는 시대입니다. 이런 시대에 당신의 이름값은 압도적인 경쟁력이

자 자신만의 무기가 될 수 있습니다. 프리랜서가 넘쳐나는 시대에 당신은 프리랜서가 아닌 전문가가 되어야 합니다. 전문가로 포지셔닝하려면 권위가 필요하고, 모든 권위는 대중들로부터 나옵니다. 개인에 대한 마케팅을 게을리하지 마시고, 많은 대중으로부터 인정받는, 영향력 있는 개인브랜드를 구축하시기 바랍니다.

직업을 구하려는 청년이 개인브랜드를 잘 구축하는 방법이 있을까요?

자신만의 아이덴티티를 발굴하고 그것을 직관적으로 표현하세요. 기존 시장에 나온 개념들을 당신의 시각에서 재정리하고, 그것을 고유한 콘텐츠로 만들어내십시오. 1인 미디어는 일반인이라도 불특정 다수의 대중에게 인기를 끌어 권위를 만들어낼 수 있는 좋은 도구입니다. 이제 토익이나 토플 점수, 자격증 등이 당신의 스펙을 증명하는 시대가 아닙니다. 당신을 따르는 많은 팔로어를 확보하세요. 인적 네트워크 기술을 갖추고 많은 이들을 영리하게 도우며 인프라를 주고받으세요. 그것을 바탕으로 뜻 맞는 사람들을 모아 연대하세요. 이것이 4차 산업혁명 시대에 개인브랜드 영향력을 높이는 핵심입니다.

청년들에게 해주고 싶은 말씀이 있는지요?

개천에서 용이 나지 않는 시대라지만, 사실 그런 용들은 꾸준하게 나오고 있습니다. 그들의 성공을 무조건 비판하지 말고, 성공한 본질적인 이유를 살펴보시기 바랍니다. 부도덕적인 방식이 아니라면 성공한 이들의 경험과 이야기들을 귀담아듣고, 끊임없이 도전하십시오. 독서를 통한 간접경험만으로는 인생을 바꾸지 못합니다. 어떠한 간접경험이든 반드시 직접경험으로 연결시켜야 비로소 내 것이 되니까요.

이념 간 갈등, 세대 간 분열이 심각한 시대입니다. 이념은 차치하고서라도 세대 간의 갈등에 대해선 보다 관용의 태도를 가져보라고 하고 싶습니다. 세 살짜리 아이에게도 배울 것이 있다는 말처럼 성공하는 사람들은 타인을 배척하기보단 수용하고, 그 안에서 자기 것을 찾아내는 데 익숙합니다. '꼰대'라는 오명을 뒤집어쓴 기성세대들도 사실은 지금의 대한민국을 만들어낸 훌륭한 선배들이라는 점을 기억해야 합니다. 꼰대라고 치부하고 등한시하기엔 세상에 훌륭한 분들이 너무나 많다는 사실을 기억해야 합니다. 편견을 버리고 관용을 베푸시길 바랍니다. 진심으로 소통하고 당장의 실익보단 조금 앞의 미래를 준비하며 열린 마음으로 사람들을 대하시길 바랍니다.

- -

소도 비빌 언덕이 있어야 비빈다는 옛말이 있다. 국도형 대표에게는 어려운 시절 어머니께서 해주신 '지금 힘든 일을 겪었기 때문에 나중에 더 큰 힘든 일도 잘 견뎌낼 수 있는 것이다'라는 조언이 인생의 지침이 되었다는 생각을 하게 된다.

내가 아는 동료교사가 나이가 들면서 꾸준히 기부를 하기에 그

연유를 물은 적이 있다. 그러자 이런 대답이 돌아왔다.

"우리 집이 찢어지게 가난해서 간신히 대학을 졸업했는데, 모친이 이 제 배운 만큼 사회에 환원하겠다는 마음을 가지고 살라고 하시더라구 요. 그때 감동했어요. 아, 내 부모가 이런 사람이었구나 하고요. 그래서 그러려고 노력해요."

여러분도 인생의 지침이 되는 말이나 조언 하나씩을 가슴에 새겼 으면 하는 바람이다.

4

인턴나부랭이 장근우 작가,
기업문화(콘텐츠) 매니저가 되다

장근우 군은 의왕에서 일반 고등학교를 나와 산업대 무역학
과로 진학했다. 특별히 무역학 쪽으로 취미가 있다든지 관심이 있
다든지 해서 간 것은 아니었다. 입학사정관제로 점수에 맞춰 대학
에 진학했으나 만족하지 못해 다시 공부해서 다른 대학을 가볼까 생
각도 했다. 그러나 학과에 모인 동기들이 좋아 그 생각을 접었다. 평
범하게 대학 생활을 하는 도중에 교수님과 주변인에게 가장 많이 듣
는 말은 무역학과를 나왔으니 무역 관련 분야로 취업해야 한다는 것

이었다. 장근우 군은 딱히 하고 싶은 일이 있는 것은 아니었으나 무역 관련 회사에 취업한다는 것도 썩 내키지 않았다.

대학 4학년 때의 일이다. 교내에 창업경진대회가 열렸다. 창업할 생각은 없었으나 상금이 욕심났던 그와 친구들은 학생들의 포트폴리오를 제대로 만들어주겠다는 아이템을 가지고 창업경진대회에 참여해 4등에 당선되면서 30만 원의 상금을 받았다. 그런데 그것으로 끝이 아니었다. 학교 창업지원센터에서 상을 받았으니 창업 활동을 통해 성과를 제출하라는 요구가 들어온 것이다.

결국 공짜 상금이 아니었던 셈이다. 그렇게 그는 포트폴리오를 만드는 과정을 물색하기 시작했고, 마침내 그것이 '퍼스널 브랜딩'이라는 것을 알게 되었다. 그가 퍼스널 브랜딩으로 인터넷을 검색했을 때 제일 먼저 뜬 사람이 바로 브랜드 매니지먼트사 MU의 조연심 대표였다.

장근우 군은 조연심 대표를 만나 청년창업 프로그램 진행에 도움을 받았다. 그 도움에 감사 인사를 하러 갔다가 취업까지 하게 됐다. '인턴나부랭이'로서의 첫 직장 생활이었다. 그런데 취업한 지 3개월이 지나자 일이 힘들어지기 시작했다. 2014년 한글날, 남들 다 쉬는 황금 같은 휴일에 출근해야 했던 그는 답답한 마음에 네이버 포스트에 억울한 심정을 담아 회사를 불평하는 글을 썼다. '인턴나부랭이'라는 필명으로 쓴 첫 번째 온라인 콘텐트였다. 그리고 얼마 후 그 내용을 본 조연심 대표가 잘 만들었다는 칭찬을 하며 100회까지 연재하면 인턴을 수료하는 것으로 해주겠다고 제안했다. 혼쭐이 날 줄 알았던 자신의 생각과 상반된 전개에 힘을 얻은 그는 그때부터 콘텐츠를 연재했다. 그것이 시작이었다.

처음에는 구독자가 10명 정도였으나 연재를 계속하면서 '네이버 20PICK' 메인 에디터로 공식 연재 제안을 받아 1년 정도 연재를 이어갔다. 네이버 20PICK이란 20대가 원하는 모든 것이라는 주제로 2015년 2월 12일부터 2016년 5월 13일까지 운영된 블로그 사이트다. 여기에 그가 올리는 〈그 남자의 사회생활〉은 많은 직장인에게 웃음을 주었을 뿐 아니라 그가 겪는 고충에 또래 인터나부랭이들이 공감했다. 이 시기 구독자가 크게 늘었다고 한다.

이렇게 하여 장근우 군은 '인턴나부랭이' 신분에서 벗어나 '사원나부랭이'가 되었다. 그사이에 다른 회사들로부터 스카우트 제의를 받으며 두 차례 이직도 했다. 콘텐츠를 연재하면서부터는 청년 대부분이 하는 취업에 대한 고민을 하지 않게 되었다. 장근우 군은 2017년 말 자신의 실패와 경험을 담아 《콘텐츠의 정석》이라는 저서를 내놓았다. 반응이 좋아 독자와의 만남도 가졌다.

장근우 군은 이제 스테디셀러 작가이자 1인 크리에이터를 위한 강사로 활동하는 동시에 모 기업의 문화매니저로서 더욱 활기찬 활동을 이어나가고 있다. 즐거운 직장 문화를 형성하기 위해 사내 도서관을 만들어 도서관장직을 겸하며 독서모임도 주관하고 있다. 아직 창창한 나이이기에 앞으로의 활동이 기대된다.

인생에서 터닝포인트가 언제였나요?

조연심 대표님을 만난 때죠. 교내 창업경진대회에 퍼스널 브랜딩 창업 아이템으로 참여했어요. 학생들의 포트폴리오를 제대로 만들어주겠다는 내용이었죠. 그런데 사실 아는 건 없었어요. 상을 타는 바람에 조연심 대표님을 만나게 됐고 도움을 받았죠. 그러니까 MU에 들어가게 된 계기가 바로 그 창업대회였던 거죠.

도움을 구하러 갔을 때 조연심 대표님이 저한테 처음 질문하신 내용이 "네가 좋아하는 게 뭐냐?"는 것이었어요. 그런데 저는 좋아하는 게 딱히 없었거든요. 그걸 들으신 대표님께서 "그럼 좋아하는 걸 찾을 때까지 이것저것 다 해봐라"고 하셨죠. 그래서 MU 인턴으로 들어가게 되었어요. 그리고 나서 제가 뭘 잘하는지 알게 되었죠.

이력서나 자기소개서는 어떻게 썼나요?

MU에서 매일 저 자신을 콘텐츠화하는 법을 배우고 나서는 이직하기 위해 자기소개서나 이력서를 특별히 준비할 일은 없었어요. 제가 올린 콘텐츠가 온라인상에서 검색되니 기업에서 먼저 연락이 오더라구요. 그래서 저는 구직 스트레스를 받지는 않았어요. 저는 지금처럼 인터넷과 SNS가 발달하는 시대에는 콘텐츠로 자신을 드러내는 것이 자기소개서나 이력서보다 더 좋은 경력이 되고 또 경쟁력이 될 수 있다고 봅니다. 제가 기업 인사팀에서 근무하고 있어서

보통 2000명 정도의 입사지원서를 보게 되는데 대개 내용이 비슷합니다. IT나 스타트업 기업에서는 자신만의 독특한 뻘짓(?)이 오히려 가능성을 보여주는 기회가 되기도 합니다.

잘하는 것을 어떻게 찾아냈나요?

처음에는 일이 힘들고 제가 무엇을 하는지도 모르겠고 왜 하는지도 몰라 많이 힘들었어요. 그냥 돈을 많이 벌고 싶을 뿐인데 왜 이런 고생을 해야 하나 하는 생각을 했죠. 너무 어렸던 거예요. 그렇지만 중간에 끝내버리면 아무것도 안 될 것 같기는 했어요. 그러다 일하는 것을 콘텐츠로 만들어야겠다는 생각을 했어요. 10권의 책을 읽고, 10명을 만나서 인터뷰하고, 10개의 글을 쓰는 '30프로젝트'에 제 나름대로 하나를 더 추가했어요. 즉 10개의 콘텐츠를 만들고, 그것을 온라인에 올리면서 콘텐츠에 집중하게 된 거죠. 그때 포스트에 연재한 것이 150건 정도 되는데, '이것이 내가 잘하는 것이구나!' 하고 느꼈어요. 이것저것 해보면서 우연히 잘하는 것을 찾은 경우죠. 이후로는 거기에 집중했습니다. 저는 잘하는 것을 찾는 것이 성공의 키워드라고 봅니다.

취업이나 잘하는 것을 찾고 싶은 이들에게 하고 싶은 말이 있나요?

저를 봐도 그렇고, 주변을 봐도 대학 전공이 큰 의미가 없는 경우가 많아요. 학부 전공을 살려서 취업하는 경우는 30퍼센트 정도 될까요? 결국 무엇을 하든 창의력, 기획력, 추진력이 있어야 해요. 그리고 사람을 많이 만나보면서 소통 능력과 협업 능력을 기르는 것이 힘이 되고, 아이디어가 됩니다. 누구라도 자신이 잘할 수 있는 것을 찾으면 서두르지 않더라도 꾸준히 하면 잘하게 되니 쫓기는 마음을 갖지 않는 게 중요하다고 봅니다.

청년들에게 마지막으로 하고 싶은 말이 있나요?

"흑역사도 역사다", "지금 당장 눈에 보이는 성과가 없더라도 슬퍼하기에는 이르다"는 거예요. 콘텐츠를 하나하나 쌓아가는 게 중요합니다. 저는 책에서 콘텐츠 크리에이터는 '시간을 기록하는 예술가'라고 표현했습니다. 그만큼 온라인상의 기록은 크리에이터로서 살아온 흔적이 됩니다. 쌓인 콘텐츠만큼이나 발전한 자신의 모습을 발견할 수 있을 테니까요.

나는 장근우 작가와 다른 시기에 '300프로젝트'에 참여했다. 300프로젝트란 100권의 책을 읽고, 100명을 만나 인터뷰하고, 100개의 글을 쓰는 작업을 말한다. 지금까지 나는 100권의 책을 읽고 이를 가지고 100개의 글을 쓰는 일을 블로그에서 진행하고 있다. 이렇게 목표를 수치로 구체화했을 때 실행하기가 좀 더 쉬웠고, 조금씩 채워지는 프로젝트 과정을 보면서 통장의 잔고가 늘어나는 것 같은 행복감도 느꼈다.

이뿐만 아니라 글을 온라인상에 올리면서 좋은 분들과 연락이 닿았고, 방송사로부터 연락을 받기도 했다. 장근우 작가보다 조회 수가 적은 나에게도 이런 변화가 일어났다. 요즘 같은 초연결 시대에 온라인을 통한 콘텐츠 개방은 나에게 큰 변화를 가져다주었다. 코로나19가 촉발한 비대면 시대에 여러분도 글이나 영상 등의 다양한 콘텐츠로 사람들과 인연을 쌓아가는 것을 고려해보라고 권하고 싶다.

5

스스로 너의 길을 찾아가는 것을
응원하고 지지한다, 아들아!

"민재야, 걱정하지 말고 하고 싶은 대로 해. 엄마가 도와줄게."

민재는 반장까지 한 경력이 있었지만, 중학교 2학년에 들어서면
서 다람쥐 쳇바퀴 돌 듯 학교와 학원을 왔다 갔다 하는 생활에 의미
를 찾지 못하고 고민했다. 어린 마음이지만 공교육에서 자신이 배
울 내용이 한정적이라고 느낀 탓이다. 성적이 오른다고 해도 인생
에 도움이 된다는 생각이 크게 들지 않았다. 고교 랩 대항전인 〈고

등래퍼〉 같은 프로그램을 보면서 자기가 하고 싶은 일을 하는 사람들이 부러웠다.

그렇다고는 해도 자퇴가 자랑스러운 일이란 생각도 들지 않아 고민을 거듭했다. 그저 자신의 길을 찾고 싶었다. 그러던 와중에 무릎을 크게 다쳐 큰 수술을 앞두게 되었다. 몸이 고장 나니 운동뿐만 아니라 할 수 있는 게 너무 없었다. 1년 반 정도 병 치료에 집중하는 동안 진로에 대한 고민에 빠진 마음을 추슬러주고 용기와 정보를 준 이는 바로 그의 부모였다.

민재는 수술 후 재활이 끝나자 학교 수업 대신 '퓨처 아카데미'에서 운영하는 심층 독서를 위주로 하는 방학특강 캠프에 참여했다. 그로서는 처음 접하는 새로운 교육 시스템이었다. 민재는 그렇게 독서에 빠져들었다. 새로운 교육 시스템 속에서 민재가 가장 크게 흥미를 느낀 부분은 여행이었다. 학교에서 가던 현장학습이나 수학여행과는 차원이 다르다고 느꼈다. 독서와 여행이 연결되면서 사람들을 만나는 과정 속에서 스스로 몸으로 부딪히며 얻는 깨달음에 흠뻑 빠져들었다.

민재의 어머니는 남들이 안 가는 길로 가려는 아들이 내심 걱정되었다. 엄마 입장에서는 카이스트를 비롯한 쟁쟁한 명문대를 다니는 외가 쪽 친척들처럼 아들을 키우고 싶은 마음이 있었지만, 아들의 성향은 그들과 달랐다. 아들은 학교 공부보다는 책을 좋아하고 사회성이 굉장히 좋았다. 초등학교 시절부터 학업과 관련해 갈등을 겪기도 하고 큰 수술이라는 고비를 넘기는 아들을 보면서 엄마의 마음이 달라지기 시작했다. 아들을 있는 그대로 인정하기 시작한 것이다.

현행 제도상 중학교는 의무교육이기에 자퇴는 허용되지 않고 '정원 외 관리'가 된다. 민재는 만 15세가 되면서 학교를 그만두고, 고용노동부의 '취업성공패키지'라는 프로그램을 활용해 자기계발에 힘쓰기 시작했다. 민재는 취업성공패키지 I 유형에 해당되어 부모동의서(미성년자의 추가 신청 서류임)와 함께 신청서를 제출하여 평소 자신이 하고 싶었던 공부를 학원에서 배웠다.

민재는 처음에 웹디자인 쪽에 관심이 많았다. 12세 무렵부터 만 15세가 되기까지는 매주 화요일과 목요일에 포토샵과 일러스트를 배웠다. 월, 수, 금요일에는 UI/UX(웹디자인, 웹퍼블리셔) 과정을 수강했다. 이때 들어가는 비용은 발급받은 '내일배움카드'로 490만 원을 결제했고, 매월 교통비와 중식비로 18만 원을 지원받았다.

취업성공패키지는 본래 청년들의 취업 성공을 도와주기 위해 생긴 프로그램이다. 그러나 국가유공자, 탈북 이주민, 위기 청소년 등도 참가할 수 있다. 민재는 자신보다 10년 이상 나이 많은 형들과 함께 배웠다. 어린 나이에 열심히 하는 모습을 본 형들은 민재를 대견해했다. 형들의 칭찬을 많이 받으면서 민재의 자존감도 올라갔다. 또래 친구는 아니지만 좋은 형들을 알게 되면서 민재만의 인맥이 형성된 것이다. 학교 친구들과 지내지 못하는 점은 아쉬웠지만, 자기 또래보다 훨씬 어른스러워졌다.

민재는 자신의 의지로 주말마다 '심층 독서' 프로그램에 참여해 책을 읽으며 밑줄을 긋고, 필사를 하며, 자신만의 질문지를 만들어 낼 뿐만 아니라 마인드맵을 만들며 책을 완파하고 있다.

취업성공패키지 과정 중 학원을 가지 않는 시간에 독서와 인터넷 강의를 통해 16살에 중학교 검정고시와 고등학교 검정고시마저 통과했으니 어쩌면 이런 선택이 '전화위복(轉禍爲福)'의 기회가 되었다 해도 무방할 것이다. 다리를 치료하는 시기가 진로를 찾는 기회로 거듭날 수 있었던 것은 부모의 든든한 지지가 있었기 때문이 아니었을까?

 3분 인터뷰 -

책읽기에 빠지게 된 계기가 있었나요?

어머니 덕분이었어요. 책을 읽을 때에는 어머니가 잔소리를 하지 않는다는 점 때문에 독서에 빠져들게 됐거든요. 다른 어머니들처럼 제 교육에 열성을 보이셨죠. 제가 어릴 때부터 다양한 경험을 쌓게 해주고 싶어 하셨어요. 문제는 그게 제 의지로 하고 싶은 일이 아니었다는 거죠. 어머니는 제가 살아갈 세상이 지금과 달리 다양성이 요구되는 시대라고 보셨어요. 그래서 어머니의 의지로 저를 다양한 체험 활동에 참여하게 했고, 저한테 맞을 만한 대안교육도 열심히 물색해주셨어요. 그러던 중에 제가 다리 치료를 받는 시기에 심화 독서 캠프를 찾아주신 거죠.

학교를 그만두는 과정에 에피소드가 있었나요?

다리 수술과 치료를 병행하는 과정 중에 저는 이미 검정고시 준비를 시작했어요. 중학교 검정고시를 그해 5월에 치르고 8월에 고등학교 검정고시를 치렀죠. 그리고 바로 다음 달인 9월에 고용노동부의 '취업성공패키지' 프로그램을 시작했어요. 그런데 이 프로그램이 만 18세부터 대상인 거예요. 때문에 제가 상담하러 갔을 때 상담해주시는 분들이 당황하시더라구요. 제가 만 15세밖에 안 되었으니까요. 만 15~17세까지는 위기 청소년 관리 프로그램으로 들어간다는데 저는 위기 청소년이 아니거든요. 열심히 배우려는 기대를 안고 갔는데 위기 청소년이라는 말을 듣는 순간 그 프로그램 이름도 마음에 안 들고, 학교를 안 다닌다는 사실만으로 저를 편견을 가지고 보는 것 같아서 당황했어요.

고용노동부의 취업성공패키지가 도움이 되었나요?

네. 결과적으로 단순히 컴퓨터 프로그램만 배운 것이 아니라 새로운 인맥이 많이 생겼어요. 저보다 10살 정도 더 많은 형들과 누나들과 같이 공부하게 됐거든요. 덕분에 예의도 많이 배웠어요. 무엇보다 형들이 막내라고 잘 챙겨주서서 참 좋았어요. 그리고 형들과 누나들이 제 계획을 듣고 많이 놀라면서도 응원해주셨어요. 취업성공패키지는 프로그램이 참 다양하게 있어요. 제 동생도 보더니 관심을 보이면서 이용해보고 싶어 하던데요. 실제로 도움이 많이 됩니다.

앞으로 진로 계획은 어떤가요?

전 아직 어리잖아요. 하고 싶은 것도 많고, 할 것도 많은 것 같아요. 저는 여행을 참 좋아합니다. 올해는 코로나19 때문에 해외는 못 나가지만 국내라도 공부하면서 떠나는 여행으로 다양한 경험을 쌓고 싶어요. 요즘에는 음악 공부를 하고 싶어요. 어릴 적에 '절대음감'이라는 소리를 들을 정도로 음악지능이 높았던 것 같은데…, 중도에 그만두었던 음악 공부를 다시 하고 싶습니다.

- -

나는 민재를 2019년 2월 말 중국 선전으로 공부하며 떠나는 여행 프로그램에서 만났다. 보통 여행과 다르게 중국을 이해하고, 첨단산업의 메카인 선전을 탐방하면서 중국의 역사와 중국의 현재 그리고 미래를 이해하려는 취지로 짜인, 관광이 아닌 학습 여행이었다.

당시 나는 진로교사로 진로교육 시간에 4차 산업혁명과 관련된 사례를 학생들에게 들려주고 싶은 마음에 이야깃거리를 찾고 있었다. 또한 드론에 푹 빠져 있었기 때문에 세계적인 상업용 드론인 DJI사의 본사와 전시장을 방문할 목적으로 여행 프로그램에 참여했다. 그때 만난 특별한 소년이 바로 민재였다.

민재는 2020년 현재 17세다. 약 2년 전 중국 선전에서 만난 민재도 멋있었지만 놀랄 만큼 성장한 모습을 보며 앞으로도 행복한 진로여행을 계속하기를 응원하게 된다. 아웃사이더의 길을 가고 있는 민재의 뒤에는 앞으로도 어머니의 적극적인 지지가 함께할 것이다.

취업성공패키지 지원사업 가이드

취업성공패키지 지원사업의 개념: 저소득 취업취약계층에 대하여 개인별 취업활동계획에 따라 '진단·경로설정→의욕·능력증진→집중 취업알선'에 이르는 통합적인 취업지원 프로그램을 제공하고, 취업한 경우 '취업성공수당'을 지급함으로써 노동시장 진입을 체계적으로 지원하는 종합적인 취업지원체계다.

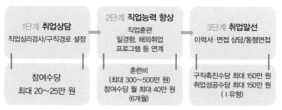

좀더 자세한 사항은 고용노동부 홈페이지 참고.
https://www.work.go.kr/pkg/succ/index.do

6

3년 차 직장인 이건우,
한꺼번에 네 마리 토끼를 잡다

중학교 시절 이건우 군의 성적은 썩 좋은 편이 아니었다. 공부에 관심이 없었다. 취업하고 싶다는 생각에 특성화고등학교 진학을 선택했고, 입학 첫날 많은 기계를 둘러보면서 신기함을 느꼈다. 이때부터 기계에 대해 관심을 두기 시작했다. 그는 부평공고 폴리메카닉스과에 재학하던 1학년 말에 산학일체형 도제학교에 대한 정보를 접했다. 학교에서 도제와 관련된 기업들을 다 다녀볼 수 있도록 배려해주었다. 회사 탐방 설명회에서 공장장님이 회사에 취직하면 기술 하나는 확실히 배우게 해주겠다는 말에 지금 다니는 HKT베어링을 선택했다. 그런 진로 선택이 그의 인생에 많은 변화를 가져왔다.

HKT베어링은 세계 최대 규모의 기업 중 하나인 포스코Posco의 베어링 제조업체로 1988년 설립되었고, 분할 베어링, 연주 설비용 베어링, 제철 설비용 베어링, 와이어로프 설비용 베어링 등 다양한 종류의 베어링을 생산하는 알찬 회사다. 이건우 군의 도제교육은 2학년 1학기부터 HKT베어링으로 실습을 나가는 것으로 시작되었다. 일주일에 한 번씩 나가면서 매월 훈련수당을 받았고, 3학년이 되어서는 두 배가 넘는 훈련수당을 받았다. 그렇게 2년간 받은 수당이 600만 원을 넘었다. 그는 그 돈을 고스란히 저축했다.

이와 동시에 학교를 다니는 중에 CNC선반, CNC밀링, 국가직무능력표준NCS에 따른 CNC밀링가공 레벨3 등 국가기술자격증 3개를 취득했다. 그가 직장에서 쓰는 기술은 학교에서 배운 내용이 약 70퍼센트, 도제로 현장에서 배운 내용이 약 30퍼센트 정도를 차지한다고 한다. 대중교통으로 1시간이 넘는 거리의 회사를 다니는 것이 불편하긴 했지만, 현장에서 새로운 기계를 다루며 기술을 배울 때의 기쁨과 즐거움은 그런 불편함을 사소한 것으로 느끼게 할 만큼 컸다. 학교보다 회사에서 직접 기계를 만지고 다루는 기회가 많아서 즐겁기도 했다.

졸업과 동시에 도제훈련을 받은 이건우 군은 HKT베어링에 자동적으로 입사되었다. 취업한 후 2년 6개월이 시날 무렵 일학습병행제 재직자과정 P-Tech을 활용해 폴리텍대학에서 2년 과정으로 대학을 마쳤다. 2020년 2월 졸업 당시 최우수 졸업생으로 선정되어 9박 11일 여정으로 유럽(독일, 체코) 연수를 갔다. 코로나19 상황으로 인해 공기업은 방문할 수 없어 아쉬웠지만, 그나마 AI와 관련해서 4차 산업을 선도한 사기업을 방문할 수 있었다는 사실을 위안 삼았다. 독일의 한 유리공장을 방문했을 때 느낀 우리나라와의 차이점은 뭐든지 천천히 하는 그들의 생활태도였다. 당시 그의 눈에 들어온 것은 작업장 바닥이었다. 나무로 되어 있는 작업장이 신기해서 그 이유를 물었을 때 나무 바닥이 작업자들의 피로감을 줄일 수 있다는 답변을 듣고 작업자에 대한 배려가 우리보다 앞서 있다는 생각이 들었단다.

이건우 군은 현재 산업기능요원으로 회사에서 군 복무를 겸하고 있다. 월급을 제대로 받으면서 동시에 병역특례까지 받은 셈이다.

그에게는 대체 복무만이 장점이 아니다. 특성화고등학교 시절 모은 돈 600만 원에, 입사해서 15개월간 모은 월급 3600만 원을 합쳐 종잣돈을 마련하고, 내집마련 대출을 활용해 인천 부평에 18평형 아파트를 구입했다. 당시 2억이 안 되던 아파트가 지금은 3억 원을 호가한다. 부지런하고 성실한 그는 대출금을 갚기 위해 현재 월 200만 원 이상의 저축을 계속하고 있다. 그와 달리 대학으로 진학한 동기들은 빨라야 대학교 3학년 과정을 마쳤거나, 군 복무를 마친 동기의 경우 코로나 위기 속에서 대학교 1학년 과정을 겨우 끝낸 상황이다. 친구들은 졸업 후 취업 문제와 대출받은 학자금 상환 문제로 걱정이 많다고 한다.

이건우 군이 다니는 회사의 현장직은 다행스럽게도 학력 차별이 없고, 경력에 따른 실력으로 인정받는 곳이라 직장에 대한 스트레스도 거의 없는 상황이다. 그는 인터뷰 중에 오늘의 자신이 있도록 지도해주신 김경수 선생님의 열정에 감사하고 있다고 했다. 졸업 후에도 회사로 자주 추수지도를 나오셨고, 자신과 더불어 도제훈련을 받는 학생들에게 맛있는 삼겹살을 사주시기도 했단다. 선생님이 그에게 하셨듯 이제는 그가 멘토링하는 도제 후배들에게 베풀고 있다.

⏰ 3분 인터뷰 -

도제에 참가한 계기가 있나요?

원래는 부사관을 해보고 싶었어요. 그런데 고등학교 1학년 때 산학일체형 도제학교에 대한 정보를 접했어요. 그때 이것도 괜찮겠다고 생각했어요. 2015년도 11월에 선발되어, 2016년도 부평공고 2학년 때 도제 1기생이 되었죠. 전국적으로는 도제 2차 연도 학생이고요. 인천에서 도제학교는 인천기계공고가 맨 처음 시작했어요.

도제교육은 어떻게 진행되고, 훈련수당은 얼마나 되나요?

2학년 1학기 때부터 방학을 제외하고 매주 금요일에 회사로 갔어요. 3월 한 달간은 산업안전교육과 직장예절교육을 주로 받았고, 총 9달을 나갔어요. 3학년 1학기 때에는 1주에 2회씩 5달, 3학년

2학기 때에는 1주 3회씩 5달을 나갔어요. 단계적으로 도제훈련 기간을 늘린 거죠. 이 때문에 회사에 잘 적응한 것 같아요. 그때 받은 훈련수당을 합하면 600만 원이 넘어요. 저는 그걸 고스란히 저축했죠.

2학년 1·2학기 훈련수당: 170,000원/월(1회/주)×9개월 = 1,530,000원
3학년 1학기 훈련수당: 360,000원/월(2회/주)×5개월 = 1,800,000원
3학년 2학기 훈련수당: 540,000원/월(3회/주)×5개월 = 2,700,000원

총계 6,030,000원

도제 때부터 근무한 회사 자랑을 한다면?

이곳 직원분들하고 저하고 나이 차이가 너무 많이 났어요, 제가 너무 어려서요. 옆에서 일하시는 다른 직원분들과 반장님께 몇 달간 도움을 많이 받았죠. 고등학교 2학년 어린 나이에 처음으로 현장을 접한 상황이었기에 긴장도 많이 하고, 당시에는 제가 잘하고 있는 건지 자신이 없었거든요. 다행히 지금은 제가 도제 후배를 옆에서 가르칠 정도가 되었습니다.

제가 후배를 가르칠 만큼 실력을 쌓을 수 있었던 이유 중 하나는 회사의 배려였어요. 실수할 수 있는데도 저를 믿고 기계를 맡겨줬거든요. 실제로 실수도 많이 했어요. 근데 점점 실수가 줄었어요. 믿고 맡겨주니까 학교에서 배운 것이나 독학한 내용을 알아서 시도해보게 되었어요. 스스로 하고자 하는 마음만 있으면 최대한 해보라고 해주시니까 좋죠. 지금은 제가 기계를 망가뜨리지 않는다고 생각하시니 반장님도 그냥 저를 믿고 맡겨주세요. 지금까지 스스로

터득할 수 있게끔 기회를 주셨으니 고맙죠.

복지 부분도 좋아지고 있어요. 지난해 현장에 이동식 에어컨을 마련해주셨어요. 두 명이서 한 대를 사용해요. 급여는 평범하지만, 주말이나 휴일에 근무하게 되면 확실하게 수당을 받고, 토요일에는 폴리텍대학에서 아침 9시부터 오후 6시까지 8시간 공부할 수 있도록 회사에서 배려해준 덕분에 잘 마쳤습니다. 폴리텍대학의 P-Tech 과정은 2년제 전문학사 과정으로, 이론/실습 방식으로 2D CAD, 3D 모델링, 3D CAM, 구조해석, CAE 등 컴퓨터 모델링을 많이 배웁니다. 수업료는 없어요. 도제교육을 받은 학생들만 모여서 무료로 배우죠.

군 복무는 어떻게 되나요?

현재 산업기능요원으로 복무 중입니다. 34개월 복무지만 그 기간 동안 월급은 월급대로 받고, 군 복무 경력도 인정됩니다. 그러다 보니 남들처럼 제대일자가 중요하지가 않아서 언제 제대하는지 기억도 못 하고 살고 있습니다. 저는 취업과 군 복무와 학업, 그리고 은행 대출을 받기는 했지만 모아둔 종잣돈으로 작은 아파트까지 샀고, 시류를 따라 아파트 시세가 많이 올랐으니 네 마리 토끼를 한 번에 잡은 셈입니다. 하하하!

향후 계획이 있나요?

좀 더 복잡한 기계들을 나눠보고 배울 예정입니다. 이 분야에서 능력을 키워서 일류 엔지니어로 등극해야죠. 그 과정에서 다른 배움이 필요하면 또 해야죠. 예전에 독일 연수를 갔을 때 인솔한 폴리텍대학 교수님도 필요하면 다시 오라고 하셨거든요. 필요하면 대학원 과정까지도 일학습병행제로 배울 수 있으니까요.

우리나라에 겨울이 있어 좋은 점 중 하나는 눈사람을 만들 수 있다는 것이다. 눈사람을 만들어본 사람은 안다. 눈사람을 만들기 위해서는 처음에 눈을 주먹보다 약간 큰 크기로 단단하고 둥글게 뭉친다. 그다음부터는 쉽다. 그냥 눈 위에서 이리저리 굴리기만 하면 된다. 그럼 정말 눈덩이처럼 불어난다. 그걸 위 아래로 두 개를 쌓으면 눈사람이 된다. 이건우 군에게는 도제훈련을 받으면서 받는 훈련수당이 처음 뭉치는 눈덩이 같은 종잣돈이 됐다. 도제제도는 이처럼 사회로 나가야 할 어린 학생들에게 아주 유용하다. 이런 제도를 알고 제대로 활용한 사람과 그렇지 못한 사람의 격차는 정말 크다. 여러분은 잡아봤는가? 네 마리 토끼를?

산학일체형 도제제도 가이드

학생이 학교와 기업을 오가며 주요 직무분야 중심으로 기초이론을 배우고 현장실무에 필요한 교육을 받는 한국형 도제식 교육 모델로, 학교에서는 이론교육/기초실습을 병행하고 기업에 나가 현장 전문가에게 심화기술을 배우는 시스템입니다.

새로운 직업교육 모델 창출

학생
취업만족도 및
현장적응능력 제고
졸업과 동시에 취업확정

기업
기업에서 요구하는 인력 수요
기업을 위한 인재양성
요구 가능

국가
핵심기술 인재양성을 통한
국가경쟁력 향상
청년실업 문제 해결

현장실무중심 교육－도제교육

학교와 기업을 오가며 직업교육 이수

사업단

도제교육센터
(공동훈련센터)

학교

기업군

교육과정

고교단계의 일학습병행제
• 2학년: 주1~2회 현장(회사)교육
• 3학년: 주3회 현장(회사)교육

근로수당
매달 40~60만 원

교육과정이수 후
전원 참여기업에 취업

매달 40~60만 원 정도의 근로수당 지급(근로시간×시급)
교육과정이수 후 전원 참여기업에 취업
병역혜택: 학생, 산업기능 요원 병력특례 우선선정
P-tech(전문학사): 한국폴리텍대학, 재직자일학습병행제(수업료 무료)

[전국 도제 학교 현황]

67개 사업단 183과정 162개교

구분	2015년 선정(2차)	2016~2017년 선정		2018년 (2019.9.)	2019년 1차 사업단 재선정 (2018.10)	2020년 제2차 사업단 재선정 (2019.11)	총계
		2016.11. (3-1차)	2017.1. (3-2차)				
학교 수	16개 사업단, 57과정(51교)	26개 사업단, 94과정 (80교)	8개 사업단, 26과정 (19교)	9개 사업단, 12과정 (4교)	8개 사업단, 8과정(8교)	14개 사업단, 47과정(47교)	67개 사업단, 183과정 (162교)
주요 참여 분야	기계, 자동차 정비, 화학, 전기전자	기계, SW, 미용	세무회계, 건설, 조리 등	기계, 반도체, 전자 등	기계, 재료	기계, 화학, 자동차정비, 전기전자 등	

출처: 특성화고·마이스터고 포털 하이파이브

7
칠전팔기의 대명사,
차한나의 행복한 2등 생활

차한나는 주말이지만 부친을 따라 인테리어 공사장으로
갔다. 오늘 그녀가 할 일은 타일을 붙이는 작업인데, 딱 떨어지는 그
녀의 성격과 어울리는데다 재미도 있어 계속 일을 배우고 있다. 현
재 그녀는 새마을금고에 근무하면서 미래에 몇 가지 사업을 해볼 계
획을 갖고 있다. 지금 배우는 일도 그녀에겐 미래 계획의 일부다. 잘
하는 일과 하고 싶은 일을 병행하면서 만족하며 살고 있지만 취업
과정은 순탄치 않았다.

"또 떨어졌어? 에휴, 어쩌니….”

고등학교 3학년 말 취업 면접에서 여섯 번째 떨어져 축 처진 어깨를 하고 머리를 떨군 한나를 보면서 나는 안타까움이 컸다. 공부를 못하는 것도 아니고, 일을 못하는 것도 아니고, 인성이 나쁜 것도 아닌데, 면접만 보면 너무 심하게 긴장하는 것이 단점으로 작용해 안쓰러웠기 때문이다.

장녀인 한나가 영종국제물류고를 선택한 이유는 명확했다. 일반고를 가면 야간자율학습까지 하면서 미친 듯이 공부만 해야 하는 게 싫었던 탓이다. 그것보다는 편하게 살고 싶었다. 애초에 대학을 가야 할 이유를 찾지 못하기도 했고, 집안 형편이 어렵지는 않지만 대학에 가면 돈이 많이 든다는 사실도 싫었다. 속히 직장생활을 하고 싶다는 생각이 있어서 취업을 목표로 물류고에 입학했다.

늘 취업을 우선으로 했으니 자신이 제일 먼저 취업할 것이라고 생각했다. 그런데 이게 웬일인가? 친구들이 다 일자리를 가지는 동안 한나는 취업이 되지 않았다. 항상 상냥하고 밝은 모습으로 친구들과도 잘 어울리며 생활을 잘하던 그녀였건만, 취업문에 들어서자 누구도 예상치 못한 결과에 직면한 것이다.

첫 도전은 우리은행이었다. 1차는 가볍게 합격했다. 문제는 면접만 들어가면 긴장하는 것이었다. 누구나 그럴 수 있으니 처음 떨어졌을 때는 가볍게 생각하기도 했다. 그런데 줄줄이 사탕처럼 기업은행, 농협, 인천국제공항공사, 신한금융투자, 국민건강보험공단,

신용보증재단 등의 취업처에서 어김없이 1차는 가볍게 합격, 그리고 탈락이라는 고배를 마셔야 했다.

주변의 친구들은 다 합격하는데 정작 성적이 괜찮은 한나는 취업을 하지 못하는 상황이라 나 역시 마음이 편하지 않았다. 그러다 한나는 자신이 사는 영종도 내에 있는 새마을금고 공채에 서류를 넣어 마침내 합격했다. 여러 곳에서 면접을 보고 떨어지는 과정을 반복하면서 나름대로 긴장감을 푸는 요령이 생겼고, 자신이 사는 동네에 있는 기업이라는 안정감이 한몫한 모양이다.

원하던 직장생활이었지만 처음에는 적응하느라 고생을 하기도 했다. 다행히 상사분들이 잘 대해주셨고 직장 분위기도 좋았다. 버겁게 느껴지는 업무량 때문에 한나는 체력이 업무력이라고 생각하며 몸 만들기에 돌입했다. 직장이 끝나면 근처 헬스클럽을 다니면서 체력을 키우려 노력했다. 한나는 자신이 행복한 사람임을 느끼는 데 오래 걸리지 않았다.

헬스를 끝내고 집으로 가는 길목에 국민은행이 있었다. 자신은 제때 일을 마치고 집으로 가고 있는데 그곳에는 아직 마감을 못해 업무에 매달리는 직장인들이 있었다. 제1금융권에 간 친구가 약간 부럽기도 했지만 큰 곳이 좋을 거라는 고정관념이 깨지기까지 많은 시간이 필요치 않았다. 가끔 대기업에 입사한 친구를 만나 이야기해보면 급여가 높은 만큼 일이 힘들고 근무시간도 길었다. 주말에도 근무하는 경우가 적지 않았고, 직장에서 엄청난 스트레스를 받고 있었다. 직장이 집에서 먼 경우에는 자취를 하느라 목돈이 들거나 아니면 출퇴근에 쓰는 시간과 비용이 만만치 않기도 했다. 자기만큼 삶의 여유를 가진 친구가 없었다.

한나는 정시에 출근해 정시에 퇴근하는 생활을 하고 있다. 연초나 연말에는 야근을 하기도 하지만 평소에는 그런 부담이 없다. 집이 근처라 걸어서 통근도 가능하니 먼 곳에 직장이 있는 친구들처럼 월세방을 얻거나 기숙사에 들어가기 위해 돈을 쓸 필요도 없었다. 정시에 퇴근하고 나오면 자신이 하고 싶은 취미생활을 할 수 있을 만큼 시간적 여유도 있었다. 특히 코로나19 위기로 인해 사회적 거리두기가 중요해지면서 이런 시기에 오랜 시간 대중교통을 이용하지 않아도 되는 점, 낯선 사람들과 접촉을 줄일 수 있다는 점도 직장생활에 안정감을 준다. 직장에서 하는 일이 그리 힘들지 않을 뿐만 아니라 고객 중 많은 분이 부모님이나 자신이 아는 사람일 정도로 살아온 세월만큼 쌓인 신뢰감으로 묶인 인적 네트워크 속에서 일하고 있다고 할 수 있다. 이 때문에 고객을 응대할 때도 스트레스가 적고, 급여도 만족할 만하다. 그야말로 워라밸을 이룰 수 있는 생활이어서 만족감이 높다.

한나가 새마을금고에 근무한 지 벌써 7년이 되어간다. 직장생활이 힘들어 취업자의 절반이 1년 내에 퇴직하거나 이직한다고 하지만 그녀에겐 적용되지 않는 말이다. 장기근속한 만큼 경험도 쌓였고 경력도 인정받고 있다. 한나는 지역사회에서 직장을 선택한 일을 스스로 가장 잘한 선택이라고 생각하며 오늘도 활기차게 일터로 간다.

지금 직장보다 더 좋은 곳을 찾아 이직할 생각은 없나요?

없습니다. 영종도가 대도시만큼 발전한 곳은 아니지만 제가 사는 지역사회에서 일터를 찾은 것을 탁월한 선택이었다고 생각합니다. 만약 남들처럼 대도시의 업체에 입사하겠다는 생각으로 다른 곳을 선택했다면 정말 많은 것을 놓치는 우를 범했을 거예요. 부모님 시절부터 쌓아온 인맥과 제가 살면서 쌓은 인맥과 신뢰가 제게 아주 큰 힘이 되거든요. 지금 직장생활에 만족하고 있으니 그런 생각을 할 이유가 없어요.

미래에 대한 다른 계획은 없나요?

있습니다. 다른 친구들은 직장 다니면서 야간 대학을 다니기도 하는데요. 그런 소식을 들을 때면 나도 다시 공부를 해야 하나 싶다가도 아직은 딱히 필요하다고 느끼지 못해 미뤄두고 있어요. 그러다 보니 시간적인 여유가 있고, 훗날 사업체도 운영해보고 싶어서 투잡, 아니 스리잡까지도 생각해보고 있어요. 지금 직장생활도 열심히 하는 건 당연한 거구요. 여유 시간에 좀 더 준비해서 나중에 카페도 운영해보고 싶거든요. 그래서 요즘은 바리스타 자격증을 준비하고 있어요. 아버지께서 인테리어 디자인 사업을 하고 계시는데, 주말이나 시간이 될 때마다 아버지를 도와드리며 가업을 승계할 준비도 하고 있어요. 여러모로 바쁘게 실고 있습니다.

지역사회에서 직장을 구할 때 어떤 이점이 있나요?

우선 머물 집이나 월세방 또는 기숙사를 얻는 데 들어가는 비용을 아낄 수 있다는 장점이 있어요. 또한 앞서 말씀드린 것처럼 현재 은행 업무의 고객분들이 훗날 제가 창업하면 고객이 되어주실 분이라는 거지요. 그래서 고객에 대한 마음가짐과 신뢰감 형성이 참 중요하다고 봅니다. 제가 다니는 직장이 고졸과 대졸 차별을 두지 않는데, 이건 제가 속한 기업의 문화이기도 하지만 지역사회의 영향도 있다고 봐요.

취업하려는 후배들에게 하고 싶은 조언이 있나요?

엑셀, 증권투자상담사 등 학교에서 준비하라고 추천하는 자격증들을 취득하면 되더라구요. 저는 칠전팔기로 어렵게 합격했기 때문에 쉽게 입사한 친구들보다 지금의 직장에 대한 애착이 커요. 그래서 더 열심히 하려고 노력하죠. 취업문을 두드렸을 때 실패한다고 포기하지 말고 계속해서 도전하라고 말해주고 싶어요.

한 가지 더 조언하자면 '친구 따라 강남가지 마라'고 말하고 싶네요. 친구가 좋다는 직장이 자기에게 맞는다는 보장은 없습니다. 그러니 정말로 자신한테 맞는 곳인지 꼼꼼히 점검해야 하고, 맞지 않는 곳이라면 시간이 걸리더라도 다른 곳을 찾아야 한다고 말해주고 싶어요.

- -

직장에서 학력으로 인한 차별이 있는지 물었을 때 한나는 망설임 없이 맑은 목소리로 "우리는 없어요. 똑같아요." 하고 답했다. 그런데 아쉬운 점은 그녀가 입사한 다음 해부터 제1금융권에는 고졸의 경우 아래 직급이 생겼다고 한다. 고졸 취업자에 대한 그런 사회적 인식이 아쉬운 부분이긴 하나 남들이 대학을 다니는 동안 직장에서 경력을 쌓으며 직급을 올리는 것도 좋은 선택이라 본다. 그러다 필요하면 선취업 후학습 하는 것도 하나의 방법이 될 수 있다.

8

황현우의 노력과 취업지원관의
역할이 만들어낸 시너지 효과

현우는 KT&G라는 공공기업 취업에 성공한 선배의 사례
를 본 후 자신도 그 회사에 가고 싶었다. 이왕이면 취업과 진학이라
는 두 마리 토끼를 한 번에 잡고자 했다. 그러나 막상 취업을 시도
하면서 그게 욕심이었음을 깨닫기까지 그리 오랜 시간이 필요치 않
았다. 남들은 취업이면 취업, 진학이면 진학, 하나를 선택해서 집
중하는데, 정작 자신은 에너지를 두 갈래로 나누어 쓰려니 두 가지
다 제대로 집중하기가 쉽지 않았던 탓이다. 그 결과가 꿈에 그리던

KT&G 1차 합격, 2차 탈락으로 드러났다. 그제야 취업부터 신경 썼어야 한다는 후회가 밀려들었다.

현우는 다른 기업에는 서류를 넣지 않았다. 원하던 회사에서 떨어지고 고민에 빠진 현우에게 큰 도움을 준 이는 취업지원관이었다. 외국계열 중견·중소 물류기업이라 할 수 있는 ENC라는 회사를 발굴하여 기업 정보를 제공한 것이다.

취업 업무를 해본 사람들은 안다. 고졸이든 대졸이든 공채를 제외하고는 서류 전형의 중요도보다 면접이 훨씬 더 중요하다는 사실을 말이다. 면접에서 취업 희망자와 회사의 코드가 맞으면 높은 경쟁률과 상관없이 합격할 수 있다. 현우는 ENC라는 회사에서 바라는 인재상과 맞았고, 무난히 합격했다.

일반 대학생들이 너무 공채만 생각하다 보니 갈 곳이 없다고 한다. 그러나 공채는 조직력이 있어야 가능하기에 이런 방식으로 충원할 수 있는 곳은 대체로 대기업이다. 시험 공고부터 서류 접수, 면접관 선임 등의 과정에 드는 돈이 어마어마하다. 그렇기에 전체 취업 시장에서 공채가 가능한 곳은 빙산의 일각이다. 그 외의 기업들은 수시 또는 비공개 채용을 하는 경우가 많다.

상황이 이렇다 보니 취업을 원하는 학생들이 괜찮은 회사에 들어가기 위해 취업지원관의 도움을 받는 경우가 많다. 취업지원관은 학교의 취업부장을 도와서 학생들의 구직을 돕기 위해 외부에서 채용된 전문 인력이다. 현우는 취업뿐만 아니라 대학 진학과 관련해서도 이 취업지원관의 도움을 받았다. 취업지원관은 현우에게 선취업 후학습인 재직자 특별전형에 관해 알려주었고 자기소개서 작성에도 실질적인 조언을 해주었다. 그 결과 현우는 재직자 특별전형으로 중앙대학교에 무난히 합격할 수 있었다. 현우의 바람과 취업지원관의 조언이 어우러지면서 현우는 자기계발을 위해 엄청나게 노력하고 있다.

하루가 멀다 하고 달라지는 시대에는 자신의 몸값을 올리기 위한 자기계발을 늦추면 안 된다. 그것을 잘 알기에 현우 역시 취업 후 자기계발에 힘쓰는 편이다. 그런 노력의 결실로 직장생활을 하는 중에 따기 어렵다는 자격증도 여러 개 취득했다. 보통 신입사원의 경우 이 정도의 자기계발을 성취하기란 쉽지 않다. 그러나 4차 산업혁명 시대의 변화하는 직업 세계에 민감해진 현우는 앞으로 가지게 될지 모르는 제2, 제3의 직업, 그리고 더 나아가 평생직업을 가지기 위한 평생학습을 염두에 두고 실천하고 있다. 젊고 힘 있고 시간 있을 때 자기계발을 해야 한다는 소신 덕분이다.

취업 후 군대에 가게 되는 신입사원이 회사를 그만두는 경우가 열에 아홉일 정도로 많다. 현우가 들어간 회사 역시 마찬가지다. 보통은 군 복무 경력을 제대로 인정해주지 않는다는 이유가 크다. 병역의 의무를 다하고 왔건만 신입사원처럼 처음부터 다시 시작하는 꼴이니 당사자로서는 반가울 리 없다. 그러나 현우의 경우에는 회사에서 인센티브를 받았다. 평소 워낙 성실하였기에 제대 후 다시 채용되는 데 무리가 없었고, 군 복무 기간에 대하여 약간의 인센티브를 부여해준 덕분에 현우는 지금까지도 그 회사를 다니고 있다.

고졸 취업생들이 맞닥뜨리게 되는 군 복무로 인한 경력단절 문제는 나아질 기미가 보이지 않아 안타깝다. 현우는 외국계 기업에 들어갔기에 능력으로 인정받고, 진급 부분에서도 큰 차별을 받지 않는다. 그러나 국내 기업은 학력 차별이 심한 경우가 많다.

ENC는 LA에 본사가 있고 아시아에는 한국, 싱가포르, 중국, 대만에 지점이 있다. 현우는 지금까지 두 번에 걸쳐 4개월 정도 싱가포르로 출장을 다녀왔다. 그런 현장 경험이 시야를 넓히는 데 도움이 되었다며 이를 계기로 미래를 대비한 영어 공부에 박차를 가하고 있다.

⏰ 3분 인터뷰 -

일반고가 아닌 물류고를 선택한 이유가 있나요?

중학생 때부터 수능이 싫었어요. 한 번의 시험으로 판단을 받는다는 걸 받아들이기 어려웠죠. 제가 살던 지역이 성적이 아주 좋은 곳이라 말하기 어려운 편이어서 과연 어떤 진로를 정해야 할지를 놓고 고민을 많이 했어요. 중학생의 어린 눈으로 봐도 일반고등학교에 진학해 입시를 준비한들 '인서울' 한다는 보장이 없다고 판단했어요. 선생님들도 그게 어렵다는 말씀을 해주셨고요. 그래서 인천에서 남학생이 갈 수 있는 유일한 상업학교인 물류고를 선택했어요. 그곳에서 취업과 동시에 진학이라는 두 개의 길을 동시에 갈 수 있지 않을까 생각했어요. 고등학교 2학년이 되면서 취업이 먼저라고 생각하면서도 진학을 놓고 많이 흔들렸죠. 지금 생각해보면 고2나 고3 때 취업에 더 역량을 집중했어야 했는데, 자꾸 진학에 눈이 가서 그러질 못했어요. 그 점이 아직도 후회스럽습니다.

취업에 집중하지 않아서 후회한 일은 무엇인가요?

진학하는 것을 조금 염두에 두고 있다가 정말 좋은 취업처를 놓친 적이 있어요. 제가 구직하던 무렵에 은행에 취업하는 아이들이 있었는데 저는 그쪽 분야에는 관심이 없었어요. 구체적으로 생각하지는 않았지만 물류, 무역, 해외 관련 분야를 생각했고, 성적이 좋은 편이었기에 마음을 놓고 있었죠. 그때 삼성에서 공채가 떴어요. 저는 잘 알아보지 않고 삼성물산, 물류, 건설 부분만 공채가 뜬 것으로 생각했어요. 그래서 관심을 두지 않았는데 나중에 보니 삼성SDS에 면접 보는 친구들이 있더라구요. 제대로 알아보지 않아 있는지도 모르고 놓쳤던 거죠. 취업에 집중했다면 그런 실수를 안 했겠죠.

업무를 보는 데 대졸과 차이가 있나요?

없습니다. 직무상으로 차별이 있거나 그런 건 없어요. 업무역량이 기준이기 때문이죠. 그런데 학력에 따른 차별은 있어요. 대학을 나오면 대리로 진급이 빨리 되긴 해요. 고졸인 경우 대졸자에 비해 적어도 4년 정도 어린 나이에 들어가니 대학 졸업자만큼 빨리 진급이 되진 않는 것 같아요. 그게 좀 아쉽기는 합니다.

취업 후 자기계발을 위해 하는 것이 있나요?

일하면서 나 자신을 업그레이드하기 위한 공부를 반드시 해야겠다고 생각했어요. 그래서 직장생활 하면서 지난 4년 사이에 물류관리사, 원산지관리사, 보세사 등 역량을 높이려고 자격증을 많이 땄어요. 특히 원산지관리사 자격증의 경우 동물부터 반도체에 이르기까지 박학다식을 요구하는 부분이 제 성격에 잘 맞았죠. 아이템에 대한 품목요건을 암기하는 것도 좋았구요. 향후 제 계획 중에 이런 박학다식한 면이 필요한 부분이 있어서 정말 즐겁게 준비해서 땄어요. 또한 취업 후 재직자 전형으로 대학에 들어가서 1년 후 군 입대를 하겠다고 계획했는데 완벽하게 생각대로 되었어요. 지금은 대학 졸업 전에 제가 생각해둔 대로 영어 능력을 향상시킬 계획입니다.

취업지원관에게 어떤 도움을 받았나요?

여러 가지로 많습니다. ENC의 취업문을 뚫은 분은 당시 취업지원관님이었어요. 저는 그 덕을 본 것이죠. 취업하려던 당시 저는 빠른 1월생이라 미성년이었는데, ENC는 공항 내에 있는 회사라 미성년인 저는 출입증을 받을 수 없었어요. ENC로서는 그 부분이 자신들의 문제가 아니니 나서서 해결해주려 하지 않았어요. 그런 상황에서 이리 뛰고 저리 뛰며 문제를 해결한 분이 바로 취업지원관님이셨습니다. 그분이 당시 동행면접, 즉 저와 같이 해당 회사에 가서 인사부장님께 인사드릴 수 있게 도와주셨고, 면접 과정도 잘 지도해주셔서 무사히 면접을 치르고 취업할 수 있었습니다.

대학 진학과 관련해서도 취업지원관님의 도움을 받았어요. 제가 취업한 뒤에는 제도적 문제 때문에 그분이 학교를 떠나신 상황이었습니다. 워낙 잘 도와주셨기 때문에 학교에 안 계신 것이 안타깝고 아쉬웠어요. 결국 제가 상담을 위해 연락을 드렸습니다. 그런데 선뜻 응해주시더라구요. 중앙대에 재직자 전형으로 합격할 수 있도록 여러모로 도움을 주신 분이 바로 취업지원관님이셨어요. 사실 중앙대는 재직자 전형의 경쟁률이 높아서 합격하기 어려운 곳으로 소문났는데, 저는 무사히 합격할 수 있었죠. 학교에 취업지원관이 있다는 것이 취업 희망자에게 큰 힘이 된다는 사실을 제 경우가 증명하고 있습니다.

세상에는 다양한 사람들이 있다. 문제가 생기면 혼자서 잘하는 사람, 처음만 잘 이끌어주면 다음부터는 알아서 잘하는 사람, 중간에 개입해서 도와주어야 하는 사람, 막판에 도움을 주어야 하는 사람 등 각자의 역량과 처지도 천차만별이다. 때로는 전 과정을 다 개입해서 도와주어야 하는 경우도 있다.

현우는 취업과 진학의 갈림길에서 흔들리던 시기에 도움이 필요한 경우였다. 그런 그에게 가장 적절한 방식으로 손을 내밀어준 사람이 바로 취업지원관이었다. 이후에 현우는 문제가 생겼을 때 스스로의 판단으로 도움을 요청하기도 하고 실행에 옮기기도 하는 능력을 제대로 보여줬다. 나는 이것이야말로 진정한 성장이라고 본다.

재직자 특별전형 가이드

1. **지원자격**: 초·중등교육법 시행령에서 정한 특성화고등학교, 산업
   수요맞춤형고등학교(마이스터고) 등을 졸업한 자로서 산업체 근
   무경력이 3년 이상인 재직자로 다음 항목 중 하나에 해당하는 자
   가. 국가, 지방자치단체 및 공공단체(소속 직원의 경우)
   나. 근로기준법 제 11조에 의거 상시 근로자 5인(사업주 포함) 이
   　　상 사업체
   다. 4대보험 중 1개 이상 가입 사업체(창업, 자영업자 포함)
   ※ 고교 졸업 후 군복무 또는 방위산업체 의무복무 기간도 재직
   　　기간에 합산 가능(대학별)

2. **전형방법**: 서류전형 및 면접 100%(수능 미반영), 학생부

3. **특성화고 재직자 특별전형 실시 대학**

구분	2022학년도 모집인원	2023학년도 모집인원
특성화고교재직자	5538명	5536명

특성화고 재직자 특별전형

자료: 한국대학교육협의회

4. **추진배경**: 선취업 후학습 풍토 조성을 위한 특성화고·마이스터
   고 졸업생 대상 전형(*정원외 특별전형), 일-학습 병행을 통한 이

론과 실무를 겸비한 해당분야 전문가 양성

5. 개요

가. 대상: 고등교육법시행령에서 정한 특성화(전문계)고등학교 졸업자이면서 3년 이상 산업체 재직자(고등교육법시행령 제29조 제2항 14호)

나. 학교별 자체 정원 조정을 통해 재직자를 위한 모집단위 신설(고등교육법시행령 제28조 3항과 관련된 학과·보건·의료 및 교원 양성 관련학과 제외)하여 교육의 질 담보와 교육여건 및 수업방식에 있어 산업체 재직자의 근무손실이 없도록 별도 반 개설·별도 교육과정 개발·운영(야간, 주말, 사이버 과정 등)

다. 수능 없이 무시험 특별전형으로 선발하며, 입학사정관이 학업계획, 재직경험, 고교생활기록부 등을 검토하지만 구체적 기준은 학교마다 차이가 있음

라. 대입 상담: "KCUE 대학입학정보"

http://univ.kcue.or.kr/ [전화상담: 1600-1615]

9

산업학교로 간 일반고 학생,
아웃백스테이크하우스
최연소 매니저로 등극하다

이화정 매니저는 아웃백을 직장으로 선택한 이유에 대해 직접 만들면서 배울 게 많다는 점을 매력으로 꼽았다. 학력이 아니라 자신의 성실성만으로 평가받는 점도 좋았다. 그렇게 뛰어든 곳에서 그녀는 최연소 주방 매니저가 되었다. 특성화고등학교 학생이 아니 일반고 학생이 그녀가 산업학교에서 1년을 공부하고 어떻게 최연소 매니저의 위치까지 올랐을까?

이화정 매니저는 말한다. 자신이 산업학교에서 1년간 배운 실습 내용과 취업 후의 현장 모습이 똑같았다고. 그렇기에 적응하기가 어렵지 않았단다. 그저 배운 대로 열심히 했기에 지금의 자리에 있다는 이야기였다.

이화정 매니저의 아버지는 요리사였다. 평소 아버지의 모습을 보며 그녀는 요리사라는 직업이 영화에 나오는 멋진 모습과 달리 고생을 참 많이 하는 직업이라는 생각이 뇌리에 박혔다. 어려서부터 아버지가 고생하시는 모습을 봐왔기 때문인지 요리사라는 직업이 싫었다. 아버지는 딸이 조리 관련 특성화고인 생활과학고로 진학하기를 바라셨으나 사춘기의 반항심에 그녀는 아버지처럼 요리하며 살지 않겠다는 생각으로 일반고로 진학했다.

학교생활은 재미있었다. 친구들도 선생님들도 모두 좋았다. 그러나 가정 형편이 어려워지면서 장녀였던 그녀는 가정에 도움이 되고 싶다는 생각에, 조금만 더 열심히 하면 인서울이 가능하다며 설득하는 선생님들의 말씀을 뒤로 하고, 결국 2학년 2학기 무렵 산업학교로 진로를 정했다. 산업학교에 가서 자격증을 따면 취업을 할 수 있고, 대학도 갈 수 있다는 정보를 얻은 것이 결정적이었다. 앞서 산업학교에 들어간 선배의 사례도 참고가 되었다. 돈도 벌고 대학도 갈 수 있다는 확신이 서자 망설임 없이 인천산업정보학교 호텔조리과에 지원했다. 그렇게 고등학교 3학년 생활을 인천정보산업고등학교에서 시작하고 끝을 맺었다.

일반고 3학년 학생을 대상으로 위탁받아 직업교육을 하는 산업학교는 3학년 때 1년 과정으로, 일반고에 원적을 두고, 산업학교에서 1년간의 교육 과정을 수료하고 관련 전공 자격증을 취득한 뒤 취업하는 것을 목표로 한다. 특성화고나 마이스터고에서 3년 동안 배울 과정을 1년 안에 소화하고 자격증까지 따야 하기에 교육이 무척 빡빡하게 진행된다. 온종일 실습을 계속하는 교육 과정이 1년 가까이 계속되었지만, 그녀의 머릿속엔 자격증을 못 따면 미래가 없다는 생각으로 가득 차 있었다. 다른 학생들이 수능을 대비해 공부하는 것처럼 그녀는 자격증 준비에 매달렸다.

생활과학고에서 오신 선생님들은 그녀가 배우는 과정이 3년에 걸쳐 배울 내용을 1년 안에 압축해서 가르치는 것이기 때문에 3년 간 배우는 특성화고 학생들처럼 하려면 그만큼 더 열심히 해야 한다며 엄격하게 가르치셨다고 한다. 실습을 실전같이 해야 해서 전문적인 기술을 더 많이 배울 기회를 얻은 만큼 고생이 뒤따랐다. 대신 그만큼 자신이 배우는 과정에 대한 자부심도 생겼다. 그렇게 힘든 시간이 지나고 마침내 '제빵 자격증'을 손 안에 받아든 순간 자신도 모르게 울컥 눈물이 나왔다.

당시는 이 자격증을 따기가 정말 어려웠다. 제빵과 관련해서 높은 인기를 구가하던 TV 드라마가 있었다. 바로 〈제빵왕 김탁구〉였다. 그 드라마를 보면서 감정이입을 하기도 하고 동기부여도 되었다. 방과후 활동을 하면서 매일 빵을 만들고, 직접 먹어보고 평가하고, 가족들에게 평가받던 시절을 회상하면서 그녀가 웃음을 담아 말했다.

"그때 제일 간식비가 안 들었어요. 먹어봐야 할 빵이 많아서."

이화정 양은 최연소 매니저가 되기까지 산업학교와 지금의 일학습병행제에 해당하는 '산학협력취업약정제 산업체위탁반'으로 대학을 마칠 때까지 업체와 대학교의 중간에서 그녀와 동기들이 조금도 불편함이 없도록 지도하고 돌보아주신 전명숙 선생님의 도움이 컸다고 말한다. 당시 1년간 학교에서 받은 엄격한 훈련 그대로가 바로 현장의 모습이었단다. 덕분에 그녀는 적응에 그다지 어려움을 겪지 않았다. 자신이 받은 교육에 자부심이 있기에 매니저가 된 지금 후배들에게 자신도 모르게 그때 가르쳐준 선생님과 똑같은 스타일로 훈련하고 점검한다며 웃었다. 교육 실습과 직장 현장의 모습이 일치하기에 현장에서 괴리감을 느끼지 않고, 그 때문에 이탈하는 후배가 거의 없다며 뿌듯해했다.

"우리가 실습하면서 다루는 도구 중에는 위험한 게 많잖아요? 칼도 그렇고, 불도 그렇고, 가스도 그렇고…. 이런 것들을 조금이라도 소홀히 다루면 안 돼요. 위생과 청소는 말할 것도 없구요. 그런 기본적인 부분에 조금이라도 미흡한 점이 생기면 특별히 말로 혼내시는 것도 아닌데 알아서 물동이 들고 운동장을 돌았어요. 청소도 엄청나게 하고, 하하하! 그런 엄격한 지도 덕분에 사회생활 하기가 훨씬 쉬웠어요."

현재 대한민국 중학교 3학년 학생 중에서 대학 진학을 목표로 하는 학생들은 일반고등학교로 진로를 정하고, 취업을 목표로 하는 학생들은 직업계고등학교로 진로 방향을 잡는다. 하지만 진로 선택의 과정에서 자신의 흥미와 적성을 고려하기보다는 성적에 맞추어 선택하는 경향이 있다. 그러다 보니 고등학교로 진학한 이후 진로를 바꾸는 경우가 꽤 생긴다. 이런 학생들을 위해 '일반고에서 특성화고로, 특성화고에서 일반고로 전학할 수 있는 진로변경제도가 있다. 또 다른 방법은 산업학교를 거쳐서 자격증을 취득하고 직업을 선택하는 것이다. 이화정 매니저는 진로 탐색의 과정에서 산업학교를 선택해 열심히 한 결과 취업과 진학이라는 두 마리 토끼를 잡을 수 있었다. 그리고 오늘도 힘차게 자신의 길을 걸어가고 있다.

⏰ **3분 인터뷰** -

교육을 엄격하게 하는 이유가 있나요?

늘 그런 것은 아니지만 위험한 순간이나 바쁜 순간에는 엄격해져요. TV 드라마처럼 그렇게 카리스마 있게 하는 것은 아니지만, 왜 그렇게 연출하는지는 충분히 알죠. 자칫하면 정말 큰 사고가 나는 경우들이 있거든요. 그러니 항상 긴장감을 가지고 있어야 해요.

일과 학습을 병행하면서 같은 길을 가려는 후배들에게 해주고 싶은 이야기가 있나요?

쉽게 생각하시 않았으면 좋겠어요. 누구보다 부지런해야 하거는

요. 일주일에 이틀을 아침 9시부터 밤 10시 반까지 대학에서 산업체위탁반(협약반) 과정을 이수했어요. 그 과정을 다시 하라고 하면 지금은 못 할 것 같아요. 그만큼 힘들었어요. 지금은 교통이라도 좋아졌잖아요. 2011년 당시 저는 서울을 뺑 돌아서 산학협력취업약정제 산업체위탁반을 운영하고 있는 신안산대학까지 가야 했기 때문에 더 힘들었던 것 같아요. 교육도 교육이지만 밤에 출발하는 스쿨버스를 타야 하니 그 전에 나갈 수도 없었죠. 밤 10시 반에 수업이 끝나면 인천으로 오는 시외버스가 없어서 학교에서 인천터미널까지 스쿨버스를 운행해주었어요. 그것도 전명숙 선생님이 대학과 협의해주셔서 생겼죠. 정말 좋아하지 않으면 가기 어려운 길입니다.

사회 진출을 앞둔 후배와 취업 준비생에게 하고 싶은 말이 있나요?

대학이 전부가 아닙니다. 제일 중요한 것은 자기 자신이죠. 직업 현장에서 중요한 것은 버티는 겁니다. 그리고 버티는 법을 알아야 해요. '역경지수 Adversity Quotient'를 높여야죠. 역경지수란 말이 생소할 수 있는데, 수많은 역경에도 굴복하지 않고 끝까지 도전해 목표를 성취하는 능력을 말합니다. 앞으로는 IQ(지능지수)나 EQ(감성지수)가 높은 사람보다 AQ(역경지수)가 높은 사람이 행복하게 살 수 있을 거라고 봅니다. 첫 직장에서 어떻게 견디는 법을 습득하느냐에 따라 다음 직장과 나아가 평생의 운이 달라진다고 생각해요.

로봇으로 대체되는 매장도 있던데, 이에 대한 생각을 들려주세요.

안타깝죠. 그렇지만 외식업체, 패밀리레스토랑 등은 사람이 없으면 안 되는 곳이에요. 티켓팅 등은 로봇의 도움을 받을 수 있지만, 기계가 사람의 마음을 읽어주기는 어렵다고 봅니다. 사람에게 필요한 의식주 중에 저는 식이 가장 중요하다고 봅니다. 식에서 감정이 상하면 작은 일도 굉장히 곤란한 문제가 되는 경우가 많아요. 이 때문에 저는 제 직업의 미래가 밝다고 생각합니다.

앞으로의 계획을 들려주세요.

이곳에는 교육팀, 영업관리팀, 매뉴개발팀, 매장관리팀 등 다양한 부서가 있습니다. 저는 후배 양성도 하고 싶고, 매장관리 분야에도 관심이 갑니다. 현재 제가 9년 차인데요, 두루두루 경험하여 최연소 지점장을 한번 노려볼까요? 하하!

 일학습병행제란?

기업이 취업을 희망하는 청년 등을 학습근로자로 채용한 후 NCS 기반으로 업무 현장 및 사업장 외에서 훈련을 실시하여 평가를 통해 자격을 주는 새로운 교육훈련제도

재직자	단독기업형	도제식 현장 교육 훈련과 사업장 외 교육훈련을 개별 기업 독립적으로 수행(50인 이상 기업 대상)
	공동훈련센터형	도제식 현장 교육훈련은 학습 기업이 수행하고 사업장 외 교육훈련은 협약 맺은 공동훈련센터가 수행(20인 이상 기업 대상)
	P-Tech	폴리텍·전문대 등과 연계하여 실시하는 중고급 수준의 기술 훈련과정(산학일체형 도제훈련 훈련 졸업생 대상)
재학생	산학일체형 도제학교	학교(이론 및 기초실습)와 기업(심화실습)을 오가며 받는 NCS 기반 교육훈련
	전문대 재학생 단계	능력 중심 기반 맞춤형 실용 기술 인재 양성을 위해 실시하는 NCS 학사 체계 기반 훈련(전문대 최종학년 대상)
	IPP형	기업의 근로자로 채용되어 훈련(OFFJT, OJT)을 받거나 전공 분야 기업의 실습을 지원(일학습병행 4학년, 장기현장실습 3·4학년 대상)

일학습병행제 참여 유형

10

상고 출신의 웅진 그룹
이기승 전 부회장, 봉사활동으로
인생 2막을 열다

1945년 일제로부터 해방은 되었지만 수많은 사람들이 지독한 가난을 경험해야 했다. 그런 와중에 태어난 이기승 전 부회장 역시 어렵게 학교를 다녔다. 중학교 3학년이 되어 대전이라는 큰 도시로 진학을 고민하던 중 담임교사의 진로지도로 강경상고로 진학한 것이 그에게는 인생의 큰 전환점이 되었다.

담임교사는 이왕이면 역사와 전통이 있고 우수한 학생들과 함께 배울 수 있는 곳으로 진학하는 것이 그가 원하는 목표를 이루기 쉬운 길이라고 조언했고, 그는 기꺼이 그 조언을 받아들였다. 그는 가난에서 벗어날 만큼 큰돈을 벌고 싶었다. 또 미래에 큰 기업을 운영하고 싶다는 생각으로 강경상업고등학교로 진학했다. 졸업할 무렵에는 학교 추천으로 명동에 있는 증권회사로 바로 입사할 수 있었다.

그가 몸담은 증권회사가 무리한 확장을 도모하면서 문제가 생긴 탓에 그는 첫 직장에 취업한 지 3년 만에 실직자가 되고 말았다. 먹고살려면 무엇이라도 해야 했다. 이 때문에 그는 당시 신당동에 있는, 운영을 멈춘 연탄공장을 인수받아 운영해보기도 했고, 마술·재담·차력술·단막극 등을 공연하는 공연팀을 만들어 은행이나 기업들을 순회공연하며 약도 판매해보았다. 군 제대 후에는 아무것도 없는 상태로 남대문 시장에서 리어카 하나만 가지고 옷을 파는 노점장사도 했다. 이처럼 다양한 사업을 경험하면서 그가 얻은 가장 큰 소득은 '절대로, 절대로 포기하지 말자! 나는 반드시 할 수 있다!'는 신념이었다.

하루하루 바쁘게 살던 1980년 어느 날, 그는 고교 시절 같이 자취하던 절친을 만났다. 그 친구는 당시 한국브리태니커 한국지사의 영업사원으로 영업 분야 랭킹 1위, 전 세계 실적 1위로 기네스북에 이름을 올린 상태였다. 그 친구는 해외 투자를 받아 사업을 시작하면서 믿을 수 있는 사람을 찾고 있었다. 그는 같이 사업하자던 친구와 의기투합하여 동업자로서 창업해 일을 시작했다. 그 회사가 바로 바로 웅진출판주식회사의 전신인 헤임인터내셔널이다. 사업은 나날이 번창하여 많은 계열사를 두는 중견 기업으로 성장했다.

그러던 중 아시아에 금융위기가 닥치면서 1997년 11월 우리나라는 국가 부도 직전까지 가는 어려운 상황에 내몰렸다. 국내의 수많은 기업과 은행이 도산하는 사태가 벌어졌다. 바로 IMF 외환위기였다. 그가 몸담은 그룹 역시 생존의 위기에 내몰렸고, 결국 자신의 손으로 함께 일하던 사람들을 내보내야 하는 구조조정의 책임을 맡게 되었다. 어제까지 같이 웃으며 한솥밥을 먹던 사람들을 떠나보내는 일은 정말이지 못할 짓이었다. 그 힘든 상황 속에서도 그룹의 생존 가능성을 모색하면서 경영혁신을 단행하고 기업의 몸집을 줄이는 일에 몰두했다. 그 결과 직원 수 5만여 명에 이르는 재계 30대 대기업으로 다시 일어설 수 있었다.

　피나는 노력의 결과 웅진출판사 대표이사를 거쳐 웅진 그룹 부회장(회장 비서실장, 종합기획실장) 자리까지 올랐지만, 밤낮없이 기업 경영에 매달려 몸을 혹사한 생활이 독이 되었을까, 몸 여기저기에서 이상 징후가 나타났다. 그의 몸은 고혈압과 당뇨로 위험을 알렸지만 무리하는 생활을 계속하다 결국 반신마비가 오고 한쪽 눈의 시력마저 잃게 되었다.

　이기승 전 부회장은 원망과 분노와 절망에 빠졌지만, 종교의 힘을 빌려 스스로 마음을 다잡고자 애썼다. 그렇게 몸과 마음을 회복하는 데 전력을 기울였다. 그 덕분인지 이제는 시력도 어느 정도 되찾았고 몸도 훨씬 좋아진 상태다. 그는 지금 모든 것이 감사한 일이라고 하면서 이제부터는 다른 사람을 돕고 베풀며 살고 싶다고 했다. 그 결심대로 그는 두 번째 인생의 목표를 세우고 제2막의 인생을 써나가고 있다.

웅진출판사 대표로 있을 때 하시던 일은 어떤 것이었나요?

1997년 11월 IMF 외환위기가 닥쳤을 때는 부도를 내지 않기 위해 구조조정을 했습니다. 시간이 없었으니까요. 숨 가쁘게 구조조정을 단행하고, IMF 사태로 침체된 회사 분위기를 전환하기 위해 직원들에게는 인센티브 및 우리사주를, 임원들에게는 스톡옵션을 부여했습니다. 활력을 찾아 희망의 미래를 설계하며 힘을 내어 힘차게 일할 수 있도록 사기 진작에 역점을 둔 것이죠.

아울러 기업의 자료를 스크랩해 정보 파일을 만들어 분석하고, 중장기적인 경영 전략을 세우는 한편 부서별 실적을 분석해 예산을 편성하고 집행했습니다. 유능한 직원을 발탁하고 능력을 발휘할 수 있도록 조직을 관리하는 등 전체적인 관제탑 역할을 하는 것이 저의 일이었습니다.

기업의 리더에게 필요한 능력에는 어떤 것이 있을까요?

저는 신앙이 우선입니다만, 일반적으로 리더가 되고자 한다면 갖추어야 할 자질로 수리분석능력, 업무처리를 위한 지식과 기술력, 그리고 다양한 경험을 통한 분석능력과 사람(조직)을 이해할 수 있는 공감력 등이 중요하다고 봅니다. 또 일하는 환경을 깨끗이 청소하고 정돈하는 일상의 능력 외에 투명한 경영을 위한 원칙을 지켜나가야 합니다. 기본에 충실한 기업이 변화에 유연할 뿐 아니라 새로운 것을 만들어낼 수 있다고 생각합니다.

사업하면서 후회스러운 일이 있었나요?

사업할 당시 저는 정말 밤낮을 가리지 않고 일에 몰두했어요. 그러다 보니 그게 결국 몸으로 나타났지요. 한쪽 눈이 보이지 않고 몸에 마비가 온 상태에서 지팡이를 짚은 채 눈을 감고 걷는 연습을 했습니다. 그때는 두려움과 절망감으로 삶의 의욕을 완전히 잃다시피 했어요. 그 시절로 다시 돌아간다면 술, 담배를 끊고 규칙적인 생활을 하며 건강을 위해 짧은 시간이라도 꾸준히 운동하기 위해 노력할 것 같습니다.

지금은 일과 개인적인 삶의 균형을 중시하는 시대입니다. 저는 그 흐름에 맞게 건강을 돌보면서 일과 삶의 균형을 이루면서 오래 일할 수 있는 지혜를 발휘하라고 얘기하고 싶습니다. 잃어버린 건강을 되찾는 것은 정말 어려운 일이니까요.

취업 준비생에게 하고 싶은 말씀이 있는지요?

사람은 누구나 하늘에서 준 선물인 놀라운 자신만의 재능을 가지고 태어나니 그 재능을 잘 살피는 것이 중요합니다. 재능을 살려서 일할 때 재밌게 하고 또한 잘 해낼 수 있습니다. 재능은 사용하면 할수록 점점 더 개발되고 발전하는 '사용의 법칙'이 적용됩니다.

저는 어려서부터 사람을 좋아하고, 언변이 좋아 사람을 잘 모으고 친구들을 이끌었습니다. 숫자에 강하고, 궁금한 것이 많아 책보는 것을 좋아했죠. 극심한 가난을 이겨내고 나니 오히려 다양한 경험을 할 수 있는 바탕이 되었죠. 저는 지금의 특성화고에 해당하는 상고로 진학했는데 참 좋았습니다. 제가 가진 재능을 극대화할 수 있는 교육 환경과 기회를 누렸기 때문입니다.

기술을 익히고 어린 나이에 다양한 일을 하면서 경험을 쌓은 것이 기업을 경영하고 조직을 이해하고 소통하는 데 큰 도움이 되었습니다. 제 생각엔 누군가에겐 대학보다 직업계고등학교를 선택하는 것이 더 탁월한 선택이 될 수 있다고 봅니다. 대학을 가야 한다면 전문대에 진학해 전문적인 기술을 갖춰 4차 산업혁명 시대에 재능과 기술, 새로운 아이디어를 바탕으로 신규 사업을 개발하고, 도전하는 삶을 살아보라고 말해주고 싶습니다.

거대한 세상에서 모든 것을 할 수 있다는 새로운 시각으로 창의적으로 생각하고, 전문적인 기술을 가지고 자신 있게 도전하고, 아름다운 향기가 나는 미래를 만들기 바랍니다. 정직하고 성실하게 다른 사람을 돕는 마음으로 앞날을 개척해나간다면 여러분 또한 후배들에게 귀한 배움을 주는 멋진 역사를 남길 것 입니다. 여러분 안에 있는 그 놀라운 힘을 믿습니다. 파이팅!

내가 이기승 전 부회장을 만나고 싶었던 이유가 있다. 상업고등

학교만 졸업하고 어떻게 웅진출판사 대표이사를 거쳐 웅진 그룹 부회장까지 역임했는지가 궁금해서였다. 나는 인터뷰하는 내내 그가 얼마나 치열한 삶을 살았는지 충분히 짐작할 수 있었다.

그는 젊은 시절에는 가난을 벗어나고 싶어 온 힘을 썼지만, 이제는 다른 삶을 살고 싶어 한다. 남은 인생을 이왕이면 남에게 베풀고 돕는 삶, 요즘 자주 회자되는 말로 하자면 선한 영향력을 끼치는 삶을 사는 것이다. 그래서 장애인 단체를 후원하고, 후학들을 위해 장학금을 지원하고, 선교 사업으로 나눔과 후진 양성에 심혈을 기울이는 등 다양한 봉사활동을 병행하고 있다. 새롭게 주어진 인생 2막을 보람으로 채우기 위한 노력이다.

이기승 전 부회장은 강경상고를 졸업한 것에 대한 자부심이 대단하다. 공부는 필요할 때 필요에 의해서 하는 것이라는 소신이 있어, 바쁘게 회사를 경영하는 와중에 대학과 대학원을 마치기도 했다. 선취업 후학습이라는 제도가 없던 시절에 그야말로 평생학습을 몸소 실천한 장본인이었다.

우리는 이미 평생직업과 평생학습의 시대를 살고 있다. 여러분도 언젠가 인생 2막을 시작해야 하는 때가 올 것이다. 그때 어떻게 살까 고민할 것이 아니라 노후를 어떻게 살지 지금부터 생각해보는 게 어떨까 하는 취지에서 이분의 인생 2막을 소개했다.

인생이란 과거의 삶이 현재의 나를 만들고, 현재의 삶이 미래를 만드는 연속이 아니겠는가? 그러니 지금 고민한다 해도 빠른 것은 아니라고 본다.

뉴노멀 시대, 이렇게 준비하자

1

속도가 아니라 방향이다

"죽어라 노력했는데 왜 내가 이런 일을 겪어야 해?"

어디서 가끔 듣는 말 같지 않은가? 한국 사람 대다수가 죽어라 열심히 산다. 기성세대는 안 먹고 안 입고 자식을 대학 보내려 애쓰고, 자식은 자식대로 꼬꼬마 시절부터 학교와 학원 순례를 일과로 받아들이고 오로지 대학에 가기 위해 자는 시간까지 줄여가며 공부한다. 머릿속에 얼마만큼의 교육적 지식이 입력되는지는 거론하지 않겠다.

어찌어찌해서 대학에 진학해도 다시 스펙을 쌓느라 정신없이 산다. 그런데 막상 취업 전선에 나서면 취직은 가뭄에 콩 나듯 하는 상황이다. 이쯤 되면 '헬조선'이라는 단어가 분노어린 외침과 함께 자연스럽게 거론된다.

우리나라 학생들이 뭘 열심히 안 해서 이런 문제가 생기는 것이 아니다. 너무 열심히 공부하는 까닭에 이제는 거의 모든 학생이 대학을 간다. 그런데 정작 사회가 필요로 하는 대졸자는 30퍼센트 내외나 될까?

기성세대가 고생하며 힘들게 사는 이유가 뭘까? 자식은 잘살게 하고 싶다는 욕망 때문이다. 그렇다면 부모는 자식한테 과연 도움이 되는가 고민하며 지원을 해주어야 하는데, 가르쳐주는 사람도 없고 가르쳐줘도 시류에 따라 '무조건 대학으로 Go Go!' 하는 고정관념에서 벗어나지 못한다. 결국 노후에 쓸 돈까지 당겨쓰며 열심히 가르치기만 하면 좋은 결과를 볼 수 있다고 착각하고 만다. 사회가 어떻게 변하고 있는지 흐름을 파악하지 않은 상태에서 무조건적인 투자(?)를 자식에게 하는 것이다.

그렇게 해서 좋은 결말이 나면 다행이지만 절반은 좋은 끝을 보지 못한다. 그때 부모의 입에서 "내가 너를 위해서 어떻게(어떤 희생을) 했는데…." 하는 울부짖음이 나온다. 처음에는 미안해하며 묵묵히 받아들이던 자식도 시간을 되돌릴 능력은 없으니 결국에는 부모 가슴에 못 박는 이야기를 하게 된다. "내가 그래서 공부 안 한다고 했잖아! 내가 언제 공부시켜 달라고 했어?"

이런 상황은 고려대학교 허태균 교수가 2017년 tvN 〈어쩌다 어른〉이라는 프로그램에서 지적한 부분이기도 하다. 우리 사회는 자녀의 진로 탐색 과정에서 잘못된 선택을 한 삶에 대한 보상을 해주지 않는다. 결국 그 책임을 온전히 부모와 자식이 떠안을 수밖에 없다. 가진 재산을 자식 교육에 '몰빵'한 부모의 삶은 자식이 잘못되면 회복이 불가능하다. 한순간 부모의 잘못된 방향 선택이 자식에게 가난을 대물림하게 되는 원인이 되기도 하는 것이다.

허태균 교수는 우리 사회의 갈등과 세대 갈등의 핵심에 '인고_{忍苦}의 착각'이 있다고 이야기한다. 2015년 출간한 《어쩌다 한국인》이란 책에서 이에 대해 이렇게 설명하고 있다.

"자신이 힘들고 어려운 시간을 보내고 있으면 나중에 보상받을 거라고 믿지만 그건 착각이다. 자신이 겪은 노고가 나중에 아무 의미가 없어진다는 것을 받아들이기 힘들기 때문에 무언가를 하고 있다는 것 자체에 의미를 두는 것이다."

허태균 교수는 〈어쩌다 어른〉이라는 프로그램에서 부모가 애써 대학을 보낸 큰아들과 포클레인 2대만 사주고 지원을 끝낸 둘째 아들의 삶을 비교하면서 어느 한쪽이 더 좋지도 나쁜 것 같지도 않다는 결론을 특유의 익살맞은 입담으로 제시하며, 우리 사회의 20대와 50대가 맞이하게 되는 세대 간의 문제점을 날카롭게 짚어냈다.

그는 이 악순환을 막을 방법을 '이제는 속도가 아니라 방향'이라는 말로 정리하고 있다. 그의 말대로 우리는 아이들에게 마라톤을 하듯 똑같은 방향으로, 대학을 종착점 삼아 뛰라고 한다. 그러니 당연히 일등과 꼴등이 차례대로 정해질 수밖에 없다. 하지만 생각을 전환해 원형으로 퍼져 뛰게 한다면 일등과 꼴등이 없어진다. 순위를 매길 필요가 없기 때문이다. 이처럼 아이들이 자신의 재능대로 각자의 방향을 찾아 뛸 수 있도록 부모, 학교, 사회가 합심해서 도와주어야 한다.

그 첫째 관문이 바로 부모다. 부모의 생각이 바뀌면 애들도 편안해진다. 지금 부모가 자식을 위해 할 일은 과연 이 방향으로 가는 게 맞는가 하는, 자녀의 진로 방향에 대한 고민을 최우선으로 하는 것이다. 예전에 나도 "노력은 배신하지 않는다"라는 말을 듣고 자랐다. "학생은 오로지 공부만 하면 된다"는 말을 들은 기억도 난다. 그러나 지금은 시대가 달라졌다.

1960년대나 1970년대처럼 공부해서 화이트칼라 직업을 갖는 것을 최고로 치는 시기는 지났다. "공부만 하면 돼, 대학 가면 다 해결돼." 이런 말을 듣고 대학에 가봤자 상당수의 학생이 '대2병'에 빠져 방황하게 될 뿐이다. 대2병이란 자신의 적성과 희망을 무시한 채 타인의 의견에 맞추어 무조건 대학을 들어간 뒤 전공이 시작되는 대학교 2학년 무렵이 되었을 때 자신의 전공으로 사회에 나가 직업을 가질 수 있을지 불안해하고 고민에 빠지는 심리적 상태를 말한다. 2019년 4월 잡코리아와 알바몬에서 시행한 설문조사 결과를 보

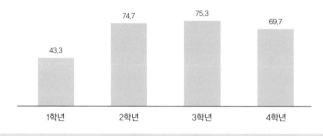

대2병 관련 설문조사

자료: 잡코리아·알바몬

면 자신이 대2병이라고 생각하는 응답자 비율이 64.6%에 달했다고 한다.

학생들의 진로를 상담하며 내가 이런 문제를 지적해주어도 고정 관념이 앞서는 사람들은 말한다. "그래도 대학은 나와야 해."

누군가에게 대학 진학이 나쁜 선택은 아닐 것이다. 그러나 다른 누군가는 순서를 정할 필요가 있다. 남들이 가니까 무조건 간다는 식의 사고에서 벗어나야 한다. 무조건적인 대학 진학이 지금 같은 세상에서는 좋은 선택이 아닐 수 있다는 얘기다.

모든 학생이 공부가 적성에 맞는 것도 아니고, 모든 학생이 공부 머리를 가진 것도 아니며, 모두의 능력이 동일한 것도 아니다. 그런 데 수많은 학생이 오로지 '입시'라는 한 가지 기준으로 대학 가는 일에 동참한다. 수시 같은 제도적 보완책이 있다고 해도 결론은 하나다. 무조건 대학에 가겠다는 것.

마음만 먹으면 모두가 대학에 갈 수 있는 세상이다. 그러니 이제는 남들보다 빨리 대학을 가거나 스펙을 쌓는 것이 중요하지 않다.

서울의 명문대에 들어간 누군가가 이야기하길, 막상 대학에 와 보니 학창 시절 자신이 공부를 잘했다는 것이 아무것도 아니었다고 느낀다고 했다. 고교 시절까지는 공부를 잘한다는 결과가 자존감을 세워주었지만, 대학에 들어와 훨씬 뛰어난 학생들 틈에 있다 보니 그게 아니라는 사실을 깨달으면서 허탈했다고 한다.

유수의 명문대에 어렵게 입학한 똑똑한 인재 중에 간간이 인생을 포기하는 선택을 하는 이들이 있다. 왜 이런 안타까운 일이 벌어질까? 인생의 의미를 찾지 못해서다. 자신이 정말 좋아하는 길을 찾아갔다면 과연 그런 선택을 했을까?

학력을 향한 뒤틀린 우리 사회의 시선 때문에 종종 신문과 방송이 떠들썩해지곤 한다. 그동안 많은 학력위조 사건이 우리 사회를 시끄럽게 했으나 학력에 대한 지나친 집착이 정점을 찍은 사건이 있었다.

2015년 미국의 명문대 두 곳에 동시 합격했다고 알려진 한 소녀의 이야기가 방송가를 떠들썩하게 했다. 그런데 나중에 그것이 거짓으로 드러나 다시 한번 방송을 타면서 안타까움을 자아낸 적이 있다. 그때 한국인 특유의 교육열이라고도 불리는 공부에 대한 압박감이 한몫했다는 이야기도 돌았다.

얼마 전 스마트폰을 보다가 가나출판사가 〈부모 때문에 꿈을 접을 뻔했던 이 작가〉라는 주제로 올린 포스트에서 아래의 글귀를 보게 되었다. 작금의 우리 사회의 고민이 우리만의 문제는 아니었구나 싶어 여러분에게도 전해주고 싶다.

> "자녀가 짊어져야 하는 가장 큰 짐은 부모 내면의 '살지 못한 삶'이
> 다."
> — 카를 구스타프 융

'현명한 토끼는 세 개의 굴을 판다'는 말처럼 자식 교육에 몰빵하기보다 현재의 생활, 그리고 자신들의 노후를 챙길 줄 아는 현명함이 요구되는 시대다.

2

학력學歷이 아니라
학력學力의 시대다

2020년 2월경 코로나19 사태로 개학에 차질이 생겼다. 초·중·고·대학 등 모든 학교의 학생들이 학교에 과연 등교할 수 있을까 하는 문제로 학교마다 거의 매일 결론도 나지 않을 회의를 진행했고 교육청에서 내려오는 지침은 질병관리본부의 보도에 따라 수시로 변경되었다. 결국 4월 말경부터 원격수업이 결정되면서 어떤 방법으로 교육을 진행하느냐를 놓고 학교는 또다시 한바탕 난리를 치렀다. 살면서 처음 겪는 예상치 못한 사태에 모두가 혼란에 혼란을 거듭했다.

　큰 우려 속에서 원격수업이 시행되었고 교사들은 학생들의 학력
이 저하되지 않을까 걱정했다. 얼마 지나지 않아 그 우려가 현실로
드러났다. 2020년 7월 21일자 《동아일보》 기사에 따르면, 동아일
보사와 한국교원단체총연합회가 전국 초·중·고 교사 1933명을 대
상으로 코로나19로 인한 학력 격차 인식에 대한 설문조사를 시행한

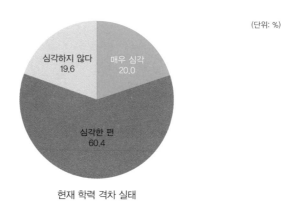

(단위: %)

심각하지 않다
19.6

매우 심각
20.0

심각한 편
60.4

현재 학력 격차 실태

학생, 교사 간 피드백이 어려워서	70.5
사교육 격차가 더 벌어져서	59.9
제때 적절한 평가를 못해서	25.5
규칙적인 생활관리가 불가능해서	12.9
원격 수업이 등교 수업보다 미흡해서	8.5

학력 격차가 벌어진 이유(복수 응답)

코로나19로 인한 '학력 격차' 인식 조사

* 14~18일 한국교원단체 총연합회 소속 초·중·고교 교사 1933명 설문조사

자료: 《동아일보》 2020년 7월 21일자

결과 교사 10명 중 8명꼴(80.4%)로 '격차가 심각하다'고 진단했다고 한다. 그중 20%는 '매우 심각하다'는 응답이었다.

학력 격차가 나타난 증거로 제시된 2020학년도 수능과 6월 모의평가 영어 등급 분포, 그리고 서울 지역 고교 2학년 수학 I 성적 분포를 보면 하위권이 거의 50퍼센트까지 대폭 늘어난 반면 중위권은 10퍼센트 정도가 사라진 것을 볼 수 있다. 과목에 따라 다소 차이가 있으나 일본어, 세계사 등의 선택과목의 경우 그 격차가 더 심해졌다. 입시라는 분명한 목표를 둔 고등학교 학생들조차 이러한데, 명확한 목표가 생기지 않은 초등학교와 중학교 학생의 경우 학력 격차를 확인할 방법조차 없는 상황이다.

설문조사 결과는 자기주도적 학습능력이 뛰어난 학생은 교사가 특별히 지도하지 않아도 알아서 심화학습까지 진행할 수 있지만, 대다수의 학생은 원격수업의 경우처럼 교사와 피드백이 이루어지지 않을 경우 학습 내용에 대한 이해 정도가 떨어질 수 있음을 보여준다고 볼 수 있다.

코로나19 상황에 따라 온라인 수업과 등교 수업을 병행해야 했던 2020년을 돌아보면 국가적 관점에서 학습 격차를 보완할 대책 마련이 시급한 상황이다. 모두가 힘을 모아 코로나19 위기를 극복해도 앞으로 이런 위기 상황이 또 발생하지 않는다는 보장이 없고, 4차 산업혁명이라는 거대한 흐름에 맞추어 교육 방법의 변화가 요구되는 만큼 원격 교육의 입지는 더욱 커질 것이라 예상된다. 날로 빌진하는 인공지능 기술과의 결합을 통해 향후 교육계에 다양한 변화가 일어나리라고 본다.

여담이지만 습관의 무서움을 알려주는, 어릴 적 책에서 본 내용이 있어서 공유하고자 한다. 그 내용은 대략 이렇다.

어느 부잣집 아들이 20대에 폐병에 걸렸다. 부모는 어떻게든 아들의 병을 고쳐보려 했지만 당시는 폐병에 걸리면 대부분 죽던 시절이라, 아들은 부모의 재산을 다 탕진하고 죽느니 그냥 나가서 죽겠다는 마음으로 집을 뛰쳐나왔다. 짐이 되기 싫다는 마음으로 무작정 나온 터라 수중에 돈도 없고, 감히 제 손으로 목숨줄을 끊을 배짱은 더더욱 없었던 모양이다. 배고픔과 추위에 떨던 아들은 남의 집에서 버린 음식 쓰레기를 주워 먹고, 버려진 신문지를 이불 삼아 덮고 자는 거지 생활을 하게 되었다. 그렇게 몇 개월이 지나는 사이에 아들은 폐병이 나았지만 집으로 돌아가지 않았다. 부모는 어떻게든 아들을 집으로 데려오려고 했으나 거지 생활에 익숙해진 아들은 정작 그 생활을 버리지 못했다는 이야기다.

10대 시절 읽을 때는 그냥 재미있다고만 생각했으나 살면서 곱씹어보니 습관이 그렇게나 무섭다는 교훈이 담긴 이야기였다. 우리는 현실에서 이와 비슷한 일을 보거나 듣게 되는 경우가 있다.

취업 희망자들이 처음에는 구직을 위해 애쓰지만 실패를 거듭하면서 도전할 의욕이 사라져 백수 생활을 하게 된다. 그런데 백수 생활이 길어지고 그것에 익숙해지면 기회가 와도 이 핑계 저 핑계를 대면서 결국 취업을 포기하더라는 이야기를 가끔 보고 듣는다. 백수로 지내는 사람 모두가 그렇다는 이야기는 당연히 아니다.

여기서 잠깐 생각해보자. 백수가 취업을 포기하게 되는 것과 같은 행동이나 옆에서 관리해주는 부모나 교사가 없어 학습을 포기하는 학생들의 행동이 습관이 되지 않도록 하는 방법은 없을까? 나는 있다고 본다. 앞서 강조한 것처럼 자신이 하고 싶은 일이나 관심 가는 일을 찾도록 도와주는 것이다. 이런 지도가 잘된다면 코로나 위기처럼 학교에 가서 수업받기 어려운 경우를 기회 삼아 발전할 가능성이 있다고 본다. 비대면 수업을 위해 집에서 보내는 시기를 진정한 진로 탐색의 시간으로 활용하면 어떨까?

당장 하고 싶은 일을 찾지 못한다고 할지라도 진로 탐색의 시간을 갖는다면 결코 시간 낭비가 아니다. 어른이 되어서도 인생의 방향을 틀고 싶을 때, 진정으로 하고 싶은 일을 찾고 싶을 때, 갭이어를 떠나기도 하지 않는가? 그러니 학창 시절 진로 탐색은 도움이 되면 되었지 시간 낭비일 수 없다.

지금처럼 코로나19 감염 위험이 높은 상황에서도 학원 수업이나 과외에 열을 올리는 부모들이 있다. 그러나 그것이 아이가 진정 원하는 일인지 돌아볼 필요가 있다. 부모만의 의지라면 스스로 정체성을 정립할 시간을 갖지 못한 아이들은 훗날 대학에 진학하여 대2병에 빠질 가능성이 크다. 그러니 부모 세대와 다른 세상을 살아가야 할 아이들에게 학력學力을 기를 시간을 주어야 한다. 학력學力은 연습과 습관화의 기간이 필요하다.

여기서 말하는 학력學力은 배우는 힘을 말한다. 앞서 언급했던 능동적이고 주도적으로 학습할 수 있는 능력이다. 부모 세대는 학력

學閥, 즉 대학 간판이 중요한 시절을 보냈다. 지금처럼 모두가 대학에 가지 않는 시절에는 대학을 나왔다는 간판 자체가 스펙이 되었고 희소성의 가치가 있었다. 대학을 나오면 가방끈이 길다는 말을 들었고 남들의 부러움을 샀다. 그러나 지금은 아니다. 유튜브를 통해 다양한 정보를 알 수 있고, 책을 통해 얼마든지 전문적인 지식을 쌓을 수 있다. 지금은 널린 게 대학이다. 유학하는 사람도 흔하디흔하다. 사이버 대학에서 학위도 딸 수 있다.

예전에 학력學歷은 그 자체로 스펙, 즉 가방끈이었다. 대학이란 가방끈은 잡은 사람을 남들보다 높이 끌어주는 동아줄이었다. 그런데 이 동아줄은 세월의 흔적만큼 낡았다. 지금 이 시대의 동아줄은 학력學力, 즉 자기주도적으로 학습하고 그 내용을 행동이나 결과로 보여줄 수 있는 실질적인 능력이다.

밀림의 왕자 타잔이 줄을 타고 나무와 나무 사이를 넘어가는 장면을 본 적이 있을 것이다. 타잔은 줄을 타고 나무 사이를 마치 나는 것처럼 자유롭게 왕래하며 밀림의 문제를 해결하는 존재다. 그가 이 나무에서 저 나무로 자유롭게 이동할 수 있는 이유는 새 줄을 잡을 때 이전의 줄을 놓을 줄 알기 때문이다.

바로 지금이 과거의 끈을 놓을 시기다. 우리 아이들은 기성세대와 달리 학력學歷의 끈을 놓고 학력學力의 끈을 잡고 앞으로 나아가야 한다. 그렇게 할 수 있도록 용기를 주는 것이 부모와 학교, 사회가 할 일이다.

3
이제는 평생직업이 아니라
평생학습의 시대다

10여 년 전만 해도 된장찌개 등을 끓이다가 간을 볼 때 수저나 국자로 떠서 바로 입에 넣는 모습을 흔히 볼 수 있었다. 그러던 것이 위생에 대한 인식이 개선되면서 작은 그릇에 덜어 간을 보는 방식으로 자연스럽게 바뀌었다. TV에 요리 관련 프로그램이 다양해지면서 니트릴 장갑을 끼고 요리하는 모습도 낯설지 않게 되었다. 이렇게 서서히 변해가는 모습을 보면서 나를 포함해 주변 사람들이 하는 말이 있다.

"이래서 사람은 계속 배워야 해. 배워도 배워도 끝이 없어. 늙어 죽을 때까지 배우는 거야."

어찌 보면 별것 아닌 일인 것 같지만 TV 드라마에서든 현실에서든 커다란 찌개 그릇에 이 사람 저 사람이 수저를 넣어 떠먹는 식습관은 분명히 아쉬운 부분 중 하나였다. 그러다 어느 순간부터 각자의 그릇에 덜어서 먹는 문화가 보편화되고 있다. 이와 같이 무엇이든 문제점이 드러났을 때 개선하고자 하는 공감대가 형성되면 오랜 시간 익숙했던 습관도 바꿀 수 있게 된다. 사소해 보이는 일도 그럴진대 4차 산업혁명 시대에는 뭐가 변한다는 소리가 하루걸러 언론과 방송에 나오는 상황에서 점점 더 강조되는 말 중에 '평생학습'이 있다.

평생직장이란 개념이 사라지고 있다는 이야기는 앞서 논한 적이 있다. 업도 마찬가지다. 요즘 뜨는 프로그램 중에 〈미스터 트롯〉이라는 포맷이 있다. 월등한 실력으로 경쟁을 뚫고 올라온 사람 중에는 아이돌 가수 출신도 있고 성악가 출신도 있다. 그런데 이들은 트로트가수로 방향을 전환해 멋지게 트로트를 소화해내어 주목을 받고 있다. 일종의 업의 변경이다. 그렇게 할 수 있기까지 어떤 노력을 얼마만큼 했을지 짐작하기 어렵다. 전문가는 아니지만 분명 쉽지 않다는 것만은 분명하다. 창법이 아예 다르기 때문이다.

우리가 살고 있는 시대는 사회의 흐름이 급격하게 변하고 있어, 많은 사람들이 자신의 업을 어떤 방향으로 바꿔야 할지 고민하고 있다. 업종 자체를 바꾸는 경우도 있겠으나, 기존의 업을 일부 변경하거나 다른 분야와 융합해 발전시키는 쪽이 대체로 에너지가 덜 소모된다. 업을 사람들의 필요와 중요도, 관심도에 따라 효과적으로 업그레이드 내지는 변경, 융합하려면 새로운 배움은 필수적인 과정이다. 이런 이야기를 주변인들과 하다 보면 일에 치여 지친 사람들이 하는 말이 있다.

"나는 정년만 지나면 아무것도 안 하고 살 거야. 너무 힘들어."

물론 이렇게 살 수 있는 사람도 있다. 그러나 우리 중 대다수가 아마도 평생 일을 손에서 놓지 못할 것이다. 국민연금을 받는다고 해도 만족스러울 만큼 나올 가능성은 크지 않다고 본다. 내가 이렇게 생각하는 이유는 인구구조의 변화, 점점 늘어나는 기대수명, 그리고 4차 산업혁명 시대로 들어서면서 나오는 각종 신기술 때문이다. 노인 인구는 갈수록 늘어나는데 태어나는 아이들 수는 팍팍 줄어들고 있다.

2019년 6월 9일자 《매일경제》에 때마침 정부가 단계적 정년 연장 로드맵 수립에 착수했다는 기사나 났다. 학령인구 감소와 고령화 진전에 대응해 교육 재정을 줄이고, 복지 재정을 늘리는 등 재정 포트폴리오를 다시 짜겠다는 계획이다. 정부는 인구구조 변화가 고용 시장과 재정·교육·복지 분야뿐 아니라 산업구조, 주택시장, 금융 등 사회 각 분야에 미칠 영향을 점검할 예정이라고 한다.

우리는 하루가 다르게 새로운 기술이 생활 속으로 흘러들어오고, 이를 모르면 업을 유지하기 어렵거나 삶이 불편해지는 시대에 살고 있다. 예를 들어 지금은 많은 사람들이 스마트폰으로 대금을 결제하고, 각종 세금도 내며, 통장을 개설하고 송금하는 등 온갖 금융, 경제 활동을 스마트폰으로 하고 있다. 이를 모르는 사람은 매번 은행에 가서 차례를 기다렸다가 신분증을 제시하고 통장을 개설하거나 금융 거래를 해야 한다.

저출생, 고령화, 수명 증가, 기술의 급격한 발전 등등을 이유로 일하는 기간이 늘어나는 것도 당연한 사회적 흐름이 될 것이라고 본다. 그렇다면 이왕이면 즐겁게, 그리고 노년을 편안하게 보내며 사회에 기여하기 위해 자신의 업을 업그레이드하거나 다른 분야와 융합하거나 발전을 모색하는 방안으로 평생학습하는 것은 이제 선택이 아니고 필수가 되었다.

그러니 정부와 지역사회가 이런 흐름에 맞춰 국민이 자신의 업을 수시로 발전시킬 수 있도록 평생학습 시스템을 적극적으로 그리고 전문적으로 보완해주었으면 하는 바람이다.

4
개인브랜드 시대,
나를 고용하라

2020년 8월 15일자 《매일경제》 기사에 8월 빅데이터 분석 결과 보이그룹 개인브랜드 평판 1위가 방탄소년단 지민, 2위가 방탄소년단 정국이라는 내용이 소개되었다. 브랜드 평판지수는 소비자들의 온라인 습관이 브랜드 소비에 큰 영향을 끼친다는 것을 찾아내 브랜드 빅데이터 분석을 통해서 만들어진 지표란다.

　유튜브를 통한 소통이 점점 활발해지면서 아이돌 가수나 연예인뿐만 아니라 다양한 분야에서 개인이 브랜드화되고 있다. 이러한 추세는 갑작스러운 것은 아니다. 일반인들도 낯설지 않을 만큼 개인브랜드는 점점 보편화되고 있는 느낌이다. 내가 기억하는 개인브랜드 성공 사례만 해도 꽤 많다.

한류 바람이 불면서 한국의 아이돌뿐만 아니라 한류 드라마도 세계적인 인기를 구가하고 있다. 일례로 〈싸인〉, 〈유령〉, 〈시그널〉에 이어 〈킹덤〉 같은 탄탄한 스토리의 작품으로 세계 시장에서 호평받는 김은희 작가의 경우 '2017 올해의 브랜드 대상' 수상자이기도 하다. 이런 브랜드 선정은 ICT, 가전, 건강, 교육, 금융, 리빙, 서비스, 쇼핑, 스포츠·레저·여행, 식품, 외식, 인물·문화, 자동차, 지자체·공공기관, 패션·뷰티 등 다양한 부문에서 대국민 소비자 투표로 이루어지고 있다. 개인이 브랜드가 되는 세상은 이미 시작되었다.

《세계미래보고서 2055》라는 책은 말한다. 기술의 미래가 곧 당신의 미래라고. 그리고 2016년도에는 30년 전에 예측했던 기술들이 현실이 되었다고. 실제로 과거 예측한 대로 인공지능이 바둑 고수를 이기고, 자율주행차가 인간의 조종 없이 거리를 누비며, 미토콘드리아 핵이식을 통해 모체의 질병이 아기에게 전달되는 문제를 막았다. 인간과 기계의 연결이 가능해졌고, 재생에너지로 추가 전력용량의 절반 이상을 충당할 수 있는 세상이다.

이제는 2055년이라는 멀지 않은 미래에 사물인터넷 분야, 가상현실 및 증강현실, 혼합현실 분야, 드론 분야, 3D 프린팅 분야, AI로봇 분야 등 다양한 분야에서 일어날 변화를 짚어내고 있다. 이 글의 주제와 관련해서 눈에 띄는 내용은 '인공지능이 노동의 개념을 바꿀 것이며, 더 이상 안전한 직업은 없다'는 것과 '정규직이 사라지고 인류 절반이 프리랜서가 된다'는 것이다.

이러한 변화를 예고하기라도 하듯 2019년 10월 29일자《중앙일보》에 '정규직 35만 줄고 비정규직 86만 폭증했다'는 헤드라인으로 기사가 떴다. 통계청의 '2019년 경제활동인구조사 근로형태별 부가조사 결과'에 따르면 2019년 8월 기준 정규직 근로자 수는 1307만 8000명으로 전년 대비 35만 3000명 줄었다. 반면 비정규직은 748만 1000명으로 지난해보다 86만 7000명 증가했다. 즉 비정규직이 정규직의 두 배 이상 늘었다는 이야기다. 이런 기사가 나온 지 몇 달도 안 돼 전 세계에 코로나19 비상이 걸렸다. 나라마다 경제성장률이 바닥을 치는 와중에 어떻게 취업률이 올라갈 수 있겠는가?

2020년 8월 24일자《매일경제》기사에 따르면 올해 하반기 대졸 신입사원 수시채용 비율이 공개채용 비율을 처음으로 넘어섰다는 조사 결과와 함께 기업들이 공채를 줄이는 이유로 '수시충원이 더 효율적'이라는 응답(34.8%)과 '코로나19 여파로 공채를 진행할 여건이 안 된다'는 응답(32.8%)이 주로 꼽혔다고 한다. 코로나 위기로 개인브랜드 시대가 더욱 앞당겨질 것을 짐작할 수 있다.

프리랜서가 된다는 것은 다른 말로 하면 1인 기업이라고도 할 수 있고 자기고용이라고도 할 수 있겠다. 개인브랜드의 가치를 얼마나 높이느냐가 생활의 질과 닿아 있으니 중요할 수밖에 없다. 이런 시대의 흐름을 진즉 읽어낸 이가 있다.《퍼스널 브랜딩에도 공식이 있다》라는 책을 저술한 조연심 작가다. 그녀는 책에서 '브랜드 영향력

계수 체크하기'를 통해 자기 브랜드의 영향력을 점검하고, '개인브랜드 인지도 체크리스트'를 통해 자신의 브랜드 인지도를 점검해볼 수 있도록 했다. 개인브랜드에 관심이 있는 사람이라면 활용하여 자신의 영향력과 인지도를 체크해보고 시대가 바뀐 것을 인식하는 데 도움을 받길 바란다.

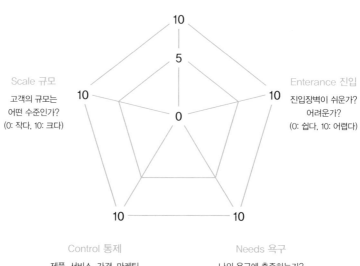

브랜드 영향력 계수 체크하기

자료: 조연심, 《퍼스널 브랜딩에도 공식이 있다》, HCbooks, 82쪽

체크리스트			점수					
영역	No	질문	5	4	3	2	1	합계
A 브랜드 아이덴티티	1	지금 하고 있는 일이 가슴 뛰는 일인가?						
	2	10년 뒤에도 할 수 있는 일인가?						
	3	지금의 일은 돈과 명예가 따르는 일인가?						
B 오프라인 툴	4	당신은 최고의 전문기술을 가지고 있는가?						
	5	명함에 회사나 직함 외에 브랜드를 알리는 사명이 담겨 있는가?						
	6	당신이 하는 일이 미래에도 필요한 기술인가?						
C 온라인 툴	7	블로그가 당신의 브랜드를 말해주고 있는가?						
	8	블로그 포스팅을 매일 하고 있는가?						
	9	페이스북, 인스타그램, 유튜브를 활용하고 있는가?						
D 책 발간	10	내 이름으로 낸 책이 있는가?						
	11	그 책은 나의 브랜드를 말해주고 있는가?						
	12	향후 1년 내내 책 발간 준비를 하고 있는가?						
E 브랜드 포지셔닝	13	검색창에 자신의 이름이나 브랜드명이 검색되는가?						
	14	인물검색, 블로그, 카페, 이미지, 뉴스 등 모든 카테고리에서 검색되는가?						
	15	검색이나 소개를 통해 모르는 사람이 얼마나 자주 새로운 일을 부탁하는가?						
F 네트워크 확장	16	링크나우, 트위터, 페이스북 친구와 자주 소통하는가?						
	17	온라인 커뮤니티에서 확대된 오프라인 모임까지 활발하게 참여하는가?						
	18	자신의 브랜드에 관련된 이벤트나 소식을 정기적으로 업데이트하는가?						
G 선순환 시스템	19	개인브랜드 구축을 도와주는 멘토가 있는가?						
	20	자신이 도와주는 멘티가 있는가?						
총합								

개인 브랜드 인지도 체크리스트

자료: 조연심, 《퍼스널 브랜딩에도 공식이 있다》, HCbooks, 164쪽

조연심 작가는《나를 증명하라, 골드칼라의 시대》,《퍼스널브랜
드로 승부하라》등 매년 1권씩 책을 쓰며 자신의 능력과 재능을 온
라인과 오프라인을 통해 다양하게 드러내고 있다. 12년째 작가로
서, 강사로서, 토크쇼 MC로서, 그리고 퍼스널브랜딩그룹 MU 대표
이사로서 많은 활동을 하면서 '조연심'이라는 자신의 이름 그대로를
브랜드로 만든 사람이기도 하다. 그렇게 할 수 있었던 비결 중 하나
는 스펙으로 상징되는 학위와 자격증에 에너지를 낭비하지 않은 것
이라는 점을 책을 통해 말하고 있다.

　　시간은 모두에게 공평하게 주어진다. 그 시간을 얼마나 효율적으
로 나누어 쓰고, 어디에 투자하느냐가 여러분의 미래를 만든다. 미
래를 위해 시간을 어디에 어떻게 투자할 것인지 진지한 고민이 필요
한 때다.

5

새로운 르네상스,
4차 산업혁명의 시대 속으로

"삼성, LG전자, 코오롱, 포스코, 한국석유관리원, 한국해양대학교,
일동제약."

나열된 기업의 공통점은 무엇일까? 2019년이나 2020년도에 AI
면접을 도입한 기업이다. AI면접이란 면접과 인성·적성검사가 합
쳐진 형태로 AI역량평가라고 불리기도 한단다. 기본적으로 자기소
개 등 기본 질문과 함께 인성검사, 상황면접, 전략게임, 심층면접 등

의 순서로 진행된다고 한다. 기업마다 원하는 인재상이 다를 수 있으니 검사 내용은 조금씩 조정될 것이다.

의료계는 2016년 '왓슨WATSON'이라는 AI 의료 프로그램을 통한 진료를 시작으로 다양한 분야에서 AI가 많은 역할을 하고 있다. 2019년 하반기를 기준으로 AI를 활용해 채용을 진행한 기업이 11퍼센트를 넘어섰고, 코로나19 위기를 기점으로 이 비율은 점차 증가할 것으로 예측된다.

AI면접, 재택근무, 온라인쇼핑, 스마트폰을 활용한 은행 입출금과 송금, 세금 납부, 카톡을 활용한 가스 자가 검침, 아파트 관리비 납부 등에 이르기까지 우리 생활의 많은 부분이 비대면·비접촉 방식으로 이루어지고 있다. 스마트폰, 태블릿 또는 PC 형태로 우리와 함께 하고 있는 AI 기술의 이면을 살펴보면 사실상 정보통신 기술을 포함한 전문과학 기술과 공공서비스 산업 등이 우리가 인식하지 못하는 곳에서 발전을 거듭하며 생활의 편리성을 더해주고 있음을 알 수 있다.

하지만 우리 생활의 편리성을 부여하는 궁극적인 존재는 결국 인간이다. 이 사실을 앞서 이야기한 왓슨을 통해 알아보자. IBM사의 의료용 AI 왓슨은 2015년 시범적으로 도입되어 미국을 비롯해 세계 여러 나라 200여 곳의 병원에서 사용되고 있다. 우리나라는 2017년 말 길병원에 최초로 도입되어 진료를 시작했다. 당시 왓슨에 대한 기대감으로 많은 사람들이 의료계에 혁신이 일어날 것으로 생각했으나 현재까지 특별한 기사가 나오지 않고 있다. 그 이유는 기대한 만큼의 효과를 보여주고 있지 못하기 때문이다. 왓슨이 진료에서 의사의 보조자로서 도움이 되기 위해서는 현재까지 의사들이 진료하고 치료한 다수의 환자 진료기록을 일일이 IT시스템 담당자가 데이터로 입력해주는 과정이 선행되어야 한다. 그런데 진료차트 기록은 의사의 주관이 들어 있기도 하고, 의사마다 표기하는 방법이 다른 경우가 많아, 왓슨을 의사가 충분히 사용 가능한 상태로 준비하기까지 사실상 많은 시간과 비용이 요구되는 상황이다. 어떻게 보면 모든 AI가 제대로 운영되게 하는 가장 중요한 요인 또한 인간인 셈이다.

우리는 어떤 업무에 종사하는 존재를 해당 분야 종사자라고 한다. 그 일에 특화된 경험 많은 전문가를 고숙련자라는 말로 부르기도 한다. 그런데 우리 사회에서 고숙련자는 앞으로 대부분의 분야에서 부족해질 전망이다. 2019년 12월 18일자 《중앙일보》 기사에 따르면, 저출산·고령화로 2028년까지 생산가능인구(15~64세)가 260만 명 줄어드는데, 특히 생산활동의 중추 역할을 할 중간 숙련도의 40대가 90만 명 가까이 감소하며, 고숙련 중심으로 직업이 재편되는 일자리 양극화 현상이 심화될 것이라는 보도를 내놨다. 당장 5년 뒤부터 생산 인력이 부족해진다고 한다. 한국고용정보원 역시 "앞으로 10년간 신규 인력이 38만 5000명 부족한 상황에 직면할 것"이라고 전망했다.

경제협력개발기구OECD는 고숙련자(고급기술자)의 일자리는 가파르게 늘고, 중숙련자(중급기술자)의 일자리는 확 줄며, 저숙련자(초급기술자)의 일자리는 서서히 줄어든다고 전망한다. 그러면서 "이런 일자리 양극화의 3분의 2는 기술 변화로 설명된다"고 분석했다. 그러니까 앞으로 고숙련자(고급기술자) 일자리가 중요해진다. 단순히 데이터를 입력하는 사무직은 AI로 대체되니 줄어들 것이고, 빅데이터와 AI를 잘 다루며 새로운 아이디어나 사업에 필요한 데이터를 재구성해낼 수 있는 고숙련자는 분야별로 많이 필요해지기 때문이다.

시대의 흐름을 놓고 볼 때 고숙련자 일자리는 늘어나지만 필요한 인재가 부족하다는 분석이 가능하다. 그렇다면 이 빈자리를 채워줄 인재들은 어디서 영입될까? 내부에서 양성할 수 없다면 외부에서 들여오는 수밖에 없는데, 이 말은 정년이 길어지면서 고숙련자들이 장기간 경제활동을 하거나 외국에서 인재를 영입해 들여올 가능성이 커진다는 말과 같다. 또한 영리를 추구하는 기업 입장에서 신규 사원을 뽑아 오랜 기간 훈련할 여유가 없으니 고숙련자를 중심으로 채용하게 될 것이며, 필요할 때마다 수시로 뽑는 방향으로 인력 채용의 흐름이 바뀔 수 있다는 예측이 가능하다.

결국 AI의 등장과 함께 마주한 4차 산업혁명의 흐름이 고숙련자에게는 원하는 자리를 골라서 갈 기회가 널린 일자리 르네상스 시대의 도래라고도 할 수 있겠다. 그렇다면 고숙련자가 되기 위해 갖추어야 할 능력으로 어떤 것들이 요구되고 있을까?

이 부분은 로베르타 골린코프와 캐시 허시-파섹이 《최고의 교육》에서 언급한 '6C 역량'이 도움이 될 수 있다고 보아 간략히 소개한다. 6C 역량이란 협력collaboration, 의사소통communication, 콘텐츠

contents, 비판적 사고critical thinking, 창의적 혁신creative innovation과 자신감confidence을 말한다. 여기서 콘텐츠는 전문성을 의미한다고 할 수 있겠다. 창의적 혁신이나 자신감 그리고 비판적 사고는 해당 분야의 전문성을 갖추는 과정 중에 경험과 이를 보완해줄 이론을 구비함으로써 갖춰지고 강화된다고 할 수 있다.

OECD 발표에 따르면 우리나라 고등학생들의 공부 시간은 70~80시간으로, 다른 OECD 국가의 두 배 이상을 투자하고 있다고 한다. 과연 이것이 바른 투자인지 한 번쯤 점검해볼 시기라고 생각한다. 공부를 포기하라는 말은 아니니 오해 말기 바란다.

나는 우리나라 고등학생의 공부시간인 70시간 중 40시간 정도만 지금과 같은 공부에 투자하고, 20시간은 6C 역량을 기르는 데 투자하고, 10시간 정도는 각자 하고 싶은 일을 하는 시간으로 배분하여 투자한다면, 미래를 대비하는 적절한 포트폴리오도 되고, 적어도 지금보다 행복한 아이들이 훨씬 많아지지 않을까 싶다.

6

팬데믹 시대에서
위드·코로나 시대로

'해 뜨기 전 새벽이 가장 어둡다'라는 말이 있다. 자다가 한 밤중에 깬 사람은 생체시계만으로는 정확한 시간을 가늠하기 어렵 다. 지금이 한밤중인지, 새벽에 가까운지 잘 모를 때 사람들은 다음 둘 중에 하나를 선택한다. 다시 자든지 아니면 깨어 있든지.

예기치 않은 코로나19 위기로 온갖 어려움을 겪은 지금 우리의 모습이 이와 같다고 생각한다. 당장의 어려움에 주목하면 위드·포 스트 코로나 시대를 대비할 수 없게 된다. 신종 바이러스 감염병은 이미 우리의 일상을 엄청나게 바꾸었다. 마스크를 쓴 채로 사회적 거리두기가 일상이 되었고 손과 손을 맞잡는 악수 같은 인사는 조심스러워진다. 대부분의 업무를 비대면으로 처리하고 온라인 쇼핑을 많이 하며 영화관이 아닌 온라인으로 영화를 본다. 과연 예전으로 다시 돌아갈 수 있을까 하는 의문이 들 정도다. 어느 순간 훅 들어온 AI 서비스에 점점 익숙해지고 있다. 때로는 사람보다 편안하다고 느낀다.

코로나19 위기는 중세의 흑사병을 떠올리게 할 만큼 지구 전체에 어둠을 몰고 왔다. 확진자가 급증하며 자국 내 강제적 격리조치와 더불어 해외 유입을 막기 위해 한동안 국경이 폐쇄되기도 했다. 식량 수출을 막은 나라 때문에 쌀이 부족해져 곤란을 겪은 나라들도 발생했다. 제품 단가를 낮추기 위해 해외로 이전했던 제조업체들 때문에 자국에 생필품이 제때 공급되지 못하면서 사재기 바람이 일어나기도 했다. 갑작스러운 확진자 증가로 마스크를 포함한 방역물품 관리와 의료 시스템이 얼마나 허술한지 그 실태가 드러나는 나라들도 있었다. 그동안 우리가 선진국이라고 부러워했던 나라들이 신종 감염병에 대한 인식수준이나 손씻기, 기침예절, 사회적 거리두기 등의 방역수칙에 대한 실천도가 얼마나 낮은지도 여실히 드러났다. 이렇게 얽히고설킨 문제들로 서구권의 많은 나라가 대공황 이후 가장 심각한 경제적 위기에 빠졌다고도 한다. 물론 동양권이라고 해서 아주 다르지는 않다.

이번 코로나19 위기로 취약점을 드러낸 나라들은 위드·포스트 코로나 시대를 대비하며 자국의 취약점을 보완할 방법을 모색하는 계기로 삼지 않을까 생각된다. 예를 들어 예전에 무조건 제조단가를 낮추기 위해 해외에 공장을 세우거나 식량 수입에 의존했던 나라들이 자국의 제조업을 강화하고 식량생산 등의 문제를 보완하는 방법을 찾을 가능성이 크다.

코로나 위기만이 아니라 사람들에게 직간접적인 영향을 주는 위기는 크든 작든 변화를 낳는다. 정치, 경제, 사회적 변화만이 아니라 인식의 변화도 뒤따른다. 재난 방송은 사회적 거리를 지키지 않은 모임, 마스크 쓰지 않은 사람들로 인해 생겨나는 새로운 확진자 추이를 알려주며 대비책을 찾는다. 사람들은 급등하는 확산세의 문제를 심각하게 인식하며 문제를 야기한 사람들에 대한 법적 제재를 이제 당연하게 여긴다. 이처럼 우리는 이미 코로나 위기 상황에 적응하고 있다.

큰 위기를 겪으면 변화의 폭이 크고, 작은 위기를 겪으면 부분적인 변화로 끝나는 경우가 일반적이다. 해변의 작은 파도는 수영하는 사람의 얼굴을 때리는 정도로 끝나지만, 지진해일 같은 큰 파도는 배를 뒤집고 내륙에도 큰 피해를 남긴다. 그런 파도에 휩쓸리면 배의 흔적조차 찾지 못하는 경우도 생긴다. 신종 감염병의 세계적 대유행은 우리 삶에 엄청난 파국을 낳았고, 그 영향은 지금도 진행 중이다. 그렇기에 우리는 위드·포스트 코로나 시대를 대비해야 한다.

나는 얼마 전 전국진로진학상담교사 1급 정교사 자격연수 강의 의뢰를 받았다. 상황이 상황인지라 비대면으로 강의를 진행하게 되었다. 새로운 시도는 누구에게나 어려움으로 다가오듯이 나 또한 온라인 교육을 준비해야 한다는 부담감을 느꼈다. 이 때문에 비대면 원격강의 관련 서적을 사서 탐독하기도 하고, ZOOM 활용과 관련된 교원연수도 받았다. 비대면 강의 전문가의 아카데미도 수료하는 등 사전에 치밀하게 준비했다. 화상으로 교육하기 위해 새로운 프로그램을 다루는 법도 익혀야 했고, 원활한 교육 여건을 조성하기 위해 암막 스크린이나 조명장치 등에 이르기까지 준비할 것이 대면 교육 때보다 훨씬 많았다.

우여곡절 끝에 시도한 비대면 강의여서 그런지 스트레스를 많이 받았지만, 무사히 끝내고 나니 강의에 참여한 선생님들의 반응이 대면교육 때보다 훨씬 좋았다. 장시간 강의를 컴퓨터 앞에서 들어야 하는 불편함도 있었지만, 재택연수라는 편리함과 원격강의 도구인 줌ZOOM을 활용한 실시간 자료 공유, 그리고 채팅을 활용한 상호작용과 소회의실 기능을 통한 팀별학습처럼 새로운 교육 방법도 시도할 수 있었다. 준비만 잘한다면 비대면 강의 또한 효과적인 교육 방법의 하나가 될 수 있다고 생각하게 되었다.

어떤 강의든 강사와 수강생의 상호작용이 무엇보다 중요한데, 강의 도중 질문에 대한 답변이 화상이나 채팅창에서 얼마든지 가능하고, 답변에 대한 보상 강화물로 온라인 기프트콘을 제공하는 방법으로 적극적인 참여를 유도할 수 있었다.

코로나19 감염에 대한 우려로 시작된 비대면 교육이지만 내가 느끼기엔 효과가 괜찮았다. 모두가 어려울 때에 이러한 방식으로라

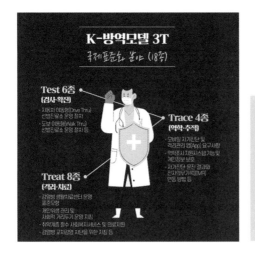

2020년 대한민국의 코로나19 대응은 전 세계의 모범사례로 평가되었다. 감염병 대응 전 과정에서 활용된 검사진단기법 등 3T(Test-Trace-Treat)를 'K-방역모델'로 체계화하여 국제표준화기구(ISO)에 제안한 결과 2020년 12월 2일 국제표준(ISO 17822)이 제정되었다.

자료: 정책프리핑www.korea.kr

도 정보를 공유하고 교육이 이루어질 수 있음에 감사할 뿐이다. 코로나19 위기가 길어짐에 따라 학생들의 학력 저하에 대한 우려에 대응하기 위해 교육부도 발 빠른 대응을 시작했다. 실시간 교육 방법에 대한 개선이 학교마다 수차례의 회의와 연수를 거쳐 이루어졌다. 카톡이나 줌 등을 통해 학생들에 대한 지도와 온라인 교육이 조금씩 자리를 잡아가면서 한때 공황 상태에 빠질 것 같았던 학교 교육도 조금씩 자리를 잡아가는 느낌이다.

　온라인 교육은 굳이 모이지 않아도 교육이 가능하다는 큰 장점이 있다. 성인을 대상으로 교육할 경우 생업을 접고 교육을 받기가 쉬운 일은 아니지만 생계에 연관되어 꼭 필요한 교육이라면 대면이든 비대면이든 교육의 효과는 분명 있을 것이다. 목적의식이 있기 때문이다. 문제는 어린 학생들이다. 특히 초·중학교 학생들의 경우 집에서 보호자의 지도 없이 비대면 교육만 이뤄질 경우 학생의 학습역량에 따라 교육의 격차가 생기게 된다. 온라인 비대면 교육의 경험이 쌓이면서 점차 학력의 격차를 줄이기 위한 다양한 방법이 모색되고 있으며, 현실적 문제를 극복하기 위한 변화도 조금씩 일어나고 있다.

위드·포스트 코로나 시대에 비대면 교육은 어떤 방식으로든 대면교육과 함께 갈 가능성이 크다. 아니 오히려 비대면 교육이 점점 더 확장될 것이고, AI면접처럼 학생 개인에 맞춘 강의를 진행할 수 있도록 미래 학생들의 비대면 교육에 AI가 도입될지도 모르겠다. AI가 보조교사처럼 교사의 빈자리를 채울 수도 있다고 보는 것이다. 물론 이 과정에서 교육부와 정부의 역할은 매우 중요하다.

특히 아이들의 교육은 국가를 이끌어갈 인재 육성과 생산 인력 충원을 통한 국제사회에서의 경제적 우위 점유라는 중요한 과제와 닿아 있기 때문에, 아이들의 흥미를 유발하기 위한 다양한 방법이 차츰 도입될 것이다. 나는 그 방법 중 일부가 VR Virtual Reality(가상현실), AR Augmented Reality(증강현실), MR Mixsed Reality(혼합현실), 그리고 SR Substitutional Reality(대체현실)이라고 본다.

이런 기술은 비행기 조종이나 의료 서비스 등 전문성이 요구되는 분야에서 이미 활용되고 있으나, 어린 학생들을 위한 교육에는 적극적으로 도입되지 않았다. 그러나 위드·포스트 코로나 시대의 비대면·비접촉 교육은 이런 분야의 기술을 적극적으로 활용하는 방안으로 변화하게 될 것이다. 그런 이유로 이런 분야에 종사하는 전문가가 더욱 많이 필요해질 전망이다.

7
교육의 시대를 넘어
학습의 시대로!

김득신을 아는가? 가문의 둔재였으나 훗날 조선시대 독서왕으로 불리는 분이다. 양반 가문에 태어나 10살 무렵에야 글을 익히기 시작했으나 돌아서면 잊어버리고 글도 겨우겨우 읽었다고 한다. 부친인 김치가 공부는 꾸준히 하는 것이지 과거가 목적이 아니라며 위로해준 것을 보면 김득신은 머리가 좋은 분은 아니었던 듯하다. 그런데 김득신은 끈기와 노력이 대단한 사람이었다. 36편의 옛글을 한 편당 1만 번 이상씩 읽었다 하니 보통 노력이 아니다. '대기만성'

의 표본이라 할 성과를 보여 결국 59세에 문과에 급제한다. 김득신의 묘비에는 그가 미리 지은 문장이 쓰여 있다고 한다.

"재주가 남보다 못하다고 해서 스스로 한계 짓지 말라. 나처럼 어리석고 둔한 사람도 없겠지만 결국에는 이룸이 있었다. 모든 것은 힘쓰고 노력하는 데 달려 있다. 만약 재주가 넓지 않거든 마땅히 한 가지에만 정성을 다해야 할 것이니 차라리 이것저것 해서 이룸이 없는 것보다는 낫다."

둔재를 영재로 만든 비결, 그건 바로 꾸준한 독서습관이었다. 우리가 아는 위인 중에는 독서광으로 유명한 분들이 있다. 지금 우리가 쓰는 한글을 창제한 세종대왕이 그랬고, 임진왜란이란 어려움 속에서 나라를 구한 이순신이 그랬으며, 임금을 올바른 길로 이끌어 왕도 정치를 구현하려 한 이율곡이 그랬다.

'독서는 죽어서야 마침내 끝이 나는 것'이라며 평생 독서를 강조한 이율곡은 훗날 임진왜란의 마지막 방패가 되어줄 이순신에게 거북선을 준비할 수 있는 단초를 제공한 인물이기도 하다. 그는 어떻게 미래에 왜구가 쳐들어올 줄 알았으며, 거북선이 필요할 거란 점을 어떻게 알고, 이순신이란 인물이 크게 쓰일 줄 어떻게 알았을까? 단순히 천재라서 그랬을까? 천재로 태어나도 훗날 평범해지는 사람들을 우리는 자주 본다. 세종대왕, 이순신, 이율곡 같은 위인의 삶을 보면 책을 옆에서 놓은 적이 없는 듯하다. 결국 이들의 공통점은 독서습관에 있다. 도대체 책이 뭐기에 그토록 중요한 걸까?

인간이 동물과 다른 가장 큰 특징으로 꼽는 것이 언어다. 인간은 언어를 활용해 동물과 달리 생각과 경험 그리고 역사를 후세에 전달할 수 있는 수단을 만들었다. 바로 책이다. 책에 쓰인 기록은 후세가 같은 실수를 반복하지 않도록 도와주는 선조들의 가장 중요한 유산이다. 인간이 미래를 예측하고 꿈꿀 수 있는 이유는 과거 세대의 경험을 책을 통해 간접경험으로 배우고, 그들의 삶의 기록을 다양한 분야에서 역사라는 이름으로 살펴봄으로써 미래를 유추할 수 있기 때문이다. 그런 책이 어느 순간부터 입시에 밀려 정작 책을 가까이해야 하는 아이들로부터 멀어지고 말았다. 가끔 학교에서 학생들에게 책을 읽히려고 하면 학생 본인이 아닌 부모나 주변인이 독후감을 대신 써주는 사태까지 벌어지고 만다. 이는 책을 읽히는 진정한 이유를 모르는 미련한 행동일 뿐이다.

모두가 살기 어렵던 나의 어린 시절 학교 교육의 종착점은 입시였다. 40년이 지난 지금도 그렇다. 지금은 출생률이 줄었고 세상이 급격하게 변해가고 있는데 왜 사람들의 목표는 여전히 입시일까? 그렇게 어렵게 서울 내 명문대학을 들어간다 한들 정말 좋은 곳에 취직하기는 하늘의 별 따기인데 말이다. 미래에 대한 불안감에서 기인한 고정관념은 그만큼 벗어나기 어렵다는 방증이기도 하다.

한국직업능력개발원의 〈PISA2012와 PIAAC 분석을 통한 우리나라 청소년과 성인의 교육효율성 분석〉(유한구·김영식, KRIVET Issue Brief 116호, 2017.01.30.)'에 따르면, PISA2012에서 우리나라의 수학 학업성취도는 세계 최상위 수준이나 교육효율성은 세계 최하위 수준이라고 한다. 이는 청소년에 국한된 것이 아니라 성인 또한 교육효율성이 최하위라고 발표하고 있다.

이 자료는 PISA2012의 높은 성취 수준은 세계 2위의 학습시간에 따른 효과이며, 낮은 효율성은 66개국 중 58위로 문제를 개선할 필요가 있다고 지적하고 있다. 또한 PIAAC의 성인 수리력은 OECD 평균 수준임에도 불구하고, 학습시간은 4위, 효율성은 21개국 중 20위로 매우 낮아, 성인기에도 투입시간에 비하여 효과가 낮은 문제가 지속되고 있다고 한다. 즉 공부 시간이 길었지 효율적인 학습을 못 한다는 것이다. 이런 문제가 청소년뿐만 아니라 성인에게도 이어지고 있는데, 그 이유로 상대평가와 서열 중심의 입시제도를 들고 있다. 이 자료는 2015년 한국직업능력개발원에서 발간한 〈PISA 및 PIAAC을 이용한 교육성과 비교와 정책과제〉 보고서의 내용을 재구조화하여 2017년도에 내놓은 것인데, 이후 연구가 진행된 자료를 찾을 수 없어 아쉬운 대로 내용 일부를 소개해보았다. 지금이라고 크게 변한 게 없으니 현재 상황을 이 자료를 근거로 유추해도 큰 문제는 없다고 본다.

대한민국의 학생들에게 효율적인 학습이 이루어지지 않은 이유는 하고 싶지 않은 공부를 하고 있기 때문이다. 말을 물가로 끌고 갈 수는 있어도 억지로 묵을 먹일 수는 없다는 예말이 생각난다 공부란 하는 자가 욕심내어 해야 성과가 있다. 모든 일이 그렇다. 그런데 우리 사회는 대학 입시만을 목표로 어려서부터 아이들에게 스펙 쌓기를 요구한다.

그런데 스펙 쌓기가 고용에 별 소용이 없음을 알려주는 최신 자료가 있다. 한국직업능력개발원의 《KRIVET Issue Brief》에서 다룬 〈국제 비교를 통해 살펴본 한국 노동시장의 개인 역량과 고용률의 관계〉라는 글을 보면, 한국은 OECD 국가와 달리 역량 수준이 높다고 해서 고용이 더 잘 된다고 보기 어렵다고 한다. 성별, 학력별, 연령별로 역량 수준과 고용률의 관계를 분석한 결과, 대부분의 집단에서 높은 수준의 역량이 고용에 유리하게 작용하지 않아 어느 특정한 집단에 국한된 문제가 아닌 한국 노동시장 전반의 문제라고 보고 있는 것이다.

스펙에 초점을 맞춰 쌓은 간판은 외관상 그럴싸할지 몰라도 실제 비즈니스 세계에선 도움 될 게 없는 속 빈 강정과도 같다는 얘기다. 요즘은 기업에서 이런 속 빈 강정을 골라내기 위해 AI면접을 활용하는 추세다. 4차 산업혁명 시대를 살아가야 할 아이들에겐 AI가 할 수 없는 가장 인간다운 통찰력이 요구된다. 이런 실질적인 능력을 갖추는 방법으로 나는 독서가 최우선이라고 말하고 싶다. 독서는 어려서부터 꾸준히 하며 습관을 들여야 한다. 수년간 독서습관을 실천하면 자기주도적 학습능력도 생긴다. 그러다 보면 제 갈 길을 알아서 찾는 경우가 많다.

오늘날 학교는 학생들에게 자기주도적 학습능력을 키워주기에는 많은 문제를 안고 있다. 선진국들과 비교하면 학생들이 배워야 하는 교과목이 너무 많다. 사회적 변화에 대비하는 준비가 되어 있지 않은 학교 현장에 갑자기 몇 시간씩 교육하라고 내려오는 공문도 많다. 장애이해교육, 다문화교육, 자살예방 및 생명존중교육 등등 그 종류도 천차만별이다.

의무교육은 좋은 점도 있으나 문제점도 있다. 코로나 위기가 발생하기 전 정상적인 시기에도 무단결석이나 무단지각을 하는 아이들이 늘었고, 학교에 나와 점심만 먹고 사라지는 애들도 늘었다. 가방도 없이 수업하는 중간 잠깐 왔다가 가도 출석이 인정된다. 또한 그렇게 방종한 생활로 학업적 성취가 미달이 되어도 진급은 된다. 물론 가끔 유급이 되는 학생의 경우도 있지만, 대부분의 교사는 어떻게라도 진급시켜 올리려 한다. 하지만 이런 잘못된 행동들을 교정할 수 있는 마땅한 방법이 없다. 학교폭력을 일으켜도 실질적 처벌이 어렵고, 전학 정도로 마무리되니 기강을 잡기도 어렵다.

더구나 입시라는 한 방향으로 교육의 목표가 쏠린 현 상황은 이런 문제를 진지하게 고민하고 풀어가기 어렵게 하는 요인 중 하나가 된다. 어찌 보면 착실하게 학교생활을 하면서 학업적 성취를 높이려 노력하는 학생들에게는 불공평하고 역차별적인 요소인 셈이다.

그나마 2025년부터 실시하는 고교학점제가 이런 상황을 풀어가는 데 도움이 될 것이라는 기대를 하게 한다. 고교학점제는 학생이 진로와 적성을 고려해 교과목을 선택해 듣고, 누적 학점이 기준에 도달했을 경우 졸업을 인정받는 제도다 지금까지는 성적이 일정 수준 이상 충족되지 않아도, 아주 잠깐 출석만 해도 졸업이 가능했지만 고교학점제가 시행되면 교육 내용을 중심으로 반이 형성되기 때문에 같은 학년은 물론 다른 학년과도 수업을 들을 수 있고, 상대 평가가 아닌 절대평가 방식으로 진행되기 때문에 개인의 성취가 기준을 충족하면 학점을 이수하게 되고, 그렇지 않을 경우 보충 학습이나 재평가 기회를 통해 학점을 이수하게 된다. 즉 학생 개인의 능력에 따라 절대평가를 통과하면 되는 방식이다. 급변하는 4차 산업 혁명 시대를 살아갈 아이들에게는 지금까지의 교육 방법보다 공평하고 좀 더 효율적이라는 생각이 든다.

2020년 현재 고교학점제 연구학교 수는 128개교이고, 선도학교 수는 600개교라고 한다. 2020년 마이스터고를 시작으로, 2022년 특성화고와 일반고 진로선택 과목에 적용한 뒤에 2025년 전면 시행할 예정이다. 2028년 대학입시(현재 초등 5학년이 대상임) 때에는 고교학점제가 적용되므로 대폭적인 변화가 예상된다.

이처럼 우리의 교육 패러다임이 바뀌고 있다. 입시를 위한 암기 위주의 주입식 교육에서 스스로 학습하는 진짜 공부를 하는 시대로 변하고 있는 것이다. 그 변화는 매우 빠른 속도로 진행될 것이다. 이런 변화의 흐름은 학생과 기성세대를 가리지 않는다.

이제 '가르치고 기른다'라는 의미의 '교육教育'이 강조되던 시절은 지났다. 학생이 원하는 바와 상관없이 학교에서 정한 대로 이루어지던 교육 과정도 바뀌고 있다. 4차 산업혁명 시대에 들어선 지금은 본인이 원하는 과목을 알아서 선택하고 이수해야 하며, 줄 세우기 하는 상대평가가 아닌 절대평가를 통해 개인의 역량을 평가받는 교육, 즉 '스스로 배우고 익힌다'는 의미의 자기주도적 '학습學習'이 중요해지는 것이다. 학생뿐 아니라 취준생과 기성세대를 포함해 우리 모두는 급변하는 세상에 맞추어 스스로 필요한 분야를 그때그때 '평생학습'하면서 살아야 하는 시기에 이미 들어와 있다.

아이에게 다양한 능력을 키워주고 싶은가? 옛말에 '열 가지 재주 가진 놈이 배를 곯는다'는 말이 있다. 뭐든 다 잘하게 해주고 싶다는 생각으로 이것저것 하게 하는 것은 참 비효율적인 교육 방법이다. 특별한 능력이나 재주는 집중력 있게 한 가지에 몰두할 때 습득되는 경우가 많다. 자신이 잘하는 그 한 가지를 찾는 가장 손쉬운 방법이 바로 독서다. 지금부터라도 얇은 책 한 권이라도 아이가 직접 찾아 읽어보게 하는 것은 어떨까?

8

바뀐 라이프스타일,
열린 로컬의 시대

내가 대학원을 다니던 시절, 수업 중 '삶에서 가장 중요한 것'에 대한 주제로 토의를 한 적이 있다. 그 주제는 바쁘게 살던 내가 과연 무엇을 목표로 살고 있고 앞으로 어떻게 살 것인가를 다시 한 번 생각하게 해주는 계기가 되었다. 수업에서 토의를 한 다음 날 그 주제로 동료 교사에게 물었다.

"삶에서 제일 중요한 게 뭐라고 생각하세요?"

그때 거침없이 나온 대답이 이것이었다.

"행복이요."

동료 교사는 나처럼 대학원을 가지 않고도 삶의 방향을 잘 잡고 있었다. 자신은 행복한 편이라며 지금도 평범한 삶에 만족하며 살고 있다. 여러분은 어떤가?

한국전쟁 이후 먹고살기 위해 '바쁘다 바빠!'를 연발하던 한국인들이 이제는 여유 있는 삶을 원하고 있다. 이를 증명하기라도 하듯 남들은 부러워하는 직장에 과감히 사표를 던지고 지방으로 내려가는 사람들의 이야기가 신문에 종종 실리곤 한다. 개중에는 귀농을 하는 사람도 있고, 자신의 취미나 재주를 살려 자영업을 시작하는 사람들도 있다. 그들에게는 돈을 좀 적게 벌더라도 가족과 함께하며 여유 있는 삶을 살고 싶다는 공통점이 있다.

예전에는 가족 때문에 회사를 그만두지 못한다는 사람들이 많았는데, 이제는 가족 때문에 회사를 그만둔다는 사람들을 쉽게 찾을 수 있다. 시대가 변하면서 삶의 가치관이 바뀌고 있다는 이야기다. 이런 가치관의 변화가 우리의 라이프스타일도 변화시키고 있다. 이는 신조어로도 잘 표현되고 있다. 소확행小確幸(일상 속에서 작지만 확실하게 느낄 수 있는 행복이나 그러한 가치를 추구하는 경향을 말함), 워라밸, 갭이어 등의 단어가 그것이다.

'경쟁, 흙수저, 열정 페이, 노력'에 지친 젊은 세대를 주축으로 상사 눈치 볼 필요 없고, 끝없이 올라가는 집값에 마음 졸이지 않는 곳으로 가서, 자신의 재능을 살려 스타트업 창업 내지는 창직하는 사례도 조금씩 늘고 있다. 코로나 위기의 영향으로 비대면·비접촉으로 안전이 보장되는 재택근무나 원격근무가 가능한 직업으로의 선회도 로컬 시대의 직업 방향에 포함된다. 이렇게 변화하는 시대 속에서 취업 희망자들의 변화하는 가치관이 시간을 축지하듯 훅하고 로컬의 시대를 앞당기고 있다.

문화예술 분야도 마찬가지다. 코로나19 상황 때문에 해외공연이 취소된 방탄소년단은 전 세계를 대상으로 온라인 공연을 시도해 자신들의 인기가 여전함을 보여주었다. 또한 관객을 만나지 못하는 다른 예술인들도 속속 무관객 온라인 공연을 선보이거나 유튜브를 통해 작품을 보여주는 쪽으로 방향을 전환하고 있다. 운동경기 역시 무관중으로 진행하면서 다양한 중계 방식으로 팬들에게 다가가기 위해 노력하고 있다.

사회 전반이 이렇게 변화하고 있는 까닭에 이제 군이 서울로 입성해야 할 이유가 적어진다. 재택근무나 원격근무가 가능한 이들을 중심으로 로컬의 바람은 앞으로도 더 거세질 전망이다.

이런 세상의 흐름을 앞서 본 학교가 있다. 바로 거창고등학교다. 거창고등학교는 인성교육을 포기하지 않는 학교로 이름이 높다. 또한 명문대 진학과 대기업 취업이라는 기치에 반하는 직업선택 십계명을 택한 독특한 문화가 있다. 마치 우리 시대의 청개구리 같다고나 할까? 그런데 내가 보기엔 그 정신이 4차 산업혁명 시대에 앞서 열린 로컬의 시대를 선도하고 있는 듯하다.

보통 엄마를 자처하는 강현정·전성은 작가는 《거창고 아이들의 직업을 찾는 위대한 질문》이란 책으로 거창고등학교의 정신과 철학을 풀어냈다. 열 개의 직업선택 십계명 중에서 내가 주목한 계명은 다음과 같다.

제2계명, 내가 원하는 곳이 아니라 나를 필요로 하는 곳을 택하라.

제5계명, 앞을 다투어 모여드는 곳은 절대 가지 마라. 아무도 가지 않는 곳으로 가라.

제8계명, 한가운데가 아니라 가장자리로 가라.

4차 산업혁명이 본격적으로 꽃피울 미래에 취업을 고민하는 사람들에게 위의 세 가지 계명은 대도시가 아닌 로컬의 시대를 살아가는 데 충분히 나침반 역할을 해줄 수 있을 것이다. 이는 비단 내 생각만이 아니다. 마쓰나가 게이코의 저서로 '마을이 우리를 살린다'라는 부제가 달린 《로컬 지향의 시대》는 대도시로 젊은 세대가 떠나버렸던 지방에 다시 청년들이 들어오면서 변화하고 있는 일본의 사례를 보여준다. 그 상황이 한국의 현재 모습과 닮은 부분이 많아 절로 공감하게 된다. 일본의 청년들이 지방으로 가려는 이유는 우리나라와 별반 차이가 없다. 하늘 높은 줄 모르는 집값과 경쟁적인 삶을 피하고 싶기 때문이다. 코로나19로 인한 팬데믹 선언 이후 대도시의 장점이 오히려 단점으로 역전되고 있는 상황이다. 이런 여러 가지 이유로 이제는 대도시가 아니라 지방에서 자신의 가치를 실현할 수 있는 일을 추구하고자 하는 청년들이 한국이든 일본이든 늘어나고 있다고 본다.

니시카와 준은 《학력의 경제학》이란 책에서 우리 아이들을 지키기 위한 전략으로 아래와 같이 로컬을 강조하고 있다.

> 첫째, 지방의 서비스업은 살아남는다.
> 둘째, 지방에서의 승리를 노리자.
> 셋째, 지역사회야말로 종신고용을 보장한다.

내가 3장에서 소개한 제자들의 사례도 이러한 흐름과 연관되어 있다. 한 제자는 고향인 영종도라는 작은 지역의 새마을 금고라는 든든한 직장을 다니면서 워라밸도 누리며 미래 창업과 가업 승계를 꿈꾸고 있다. 대기업인 제1금융권보다 자신이 태어나고 자란 마을에서 행복하게 직장생활을 하는 모습 속에서 로컬의 시대를 사는 젊은 세대의 미래를 발견할 수 있다.

미국 《뉴욕타임스》 칼럼니스트 겸 작가인 토머스 프리드먼 역시 10년 전에 《세계는 평평하다》라는 저서를 통해 '대도시보다는 지방의 서비스업에 기회가 있다'고 역설한 바 있다. 여러분의 생각은 어떠한가?

대한민국에 사는 우리는 필요한 물건은 무엇이든 온라인이나 전화로 주문해 다음 날이면 택배로 받는 편리한 삶을 누리고 있다. 물리적 거리의 한계가 줄어들고 있으니 경제적으로 덜 시달리고, 조용하고 공기 좋고, 밤이면 하늘의 은하수를 볼 수 있는 여유 있는 삶이 주는 매력에 대한 동경은 자연히 커질 수밖에 없다.

3~4년이라는 짧지 않은 기간 동안 상당한 등록금을 내며 교육을 받아야 하는 대학 교육의 이점이 줄어들면서, 거리와 시간에 구애되지 않는 온라인 교육에 대한 수요도 늘고 있다. 앞으로 단기 수료가 필요한 직업이 많아질수록 탈도시 현상은 강화되고 로컬 시대의 문은 더욱 활짝 열릴 것이다.

단행본

국도형, 《당신의 몸값은 얼마입니까》, 진한엠앤비, 2019.

국제미래학회·한국교육학술정보원, 《대한민국 미래교육보고서》, 광문각, 2017.

근장현, 《대한민국 미래교육 콘서트》, 공명, 2019.

김상호, 《취업이 잘되는 특성화고, 마이스터고 진로 전략》, 노란우산, 2017.

김승·이정아·정동완, 《10대가 맞이할 세상, 새로운 미래직업》, 미디어숲, 2017.

김영상, 《한국의 아웃라이어들》, 북오선, 2013.

김용구, 《9988: 김용구의 4.0시대 중소기업이야기》, 해맞이미디어, 2012.

김용섭, 《언컨택트》, 퍼블리온, 2020.

김종화, 《1분 과학 읽기》(건강·의료편), 생각비행, 2020.

니시카와 준, 박현석 옮김, 《학력의 경제학》, 사과나무, 2016.

로베르타 골린코프·캐시 허시-파섹, 김선아 옮김, 《최고의 교육》, 예문아카이브, 2018

마쓰나가 게이코, 이혁재 옮김, 《로컬 지향의 시대》, 알에이치코리아, 2017.

박상복, 《강소기업이 힘이다》, 글로세움, 2016.

제이슨 솅커, 박성현 옮김, 《코로나 이후의 세계》, 미디어숲, 2020.

박영숙·제롬 글렌, 이영래 옮김, 《세계미래보고서 2055》, 비즈니스북스, 2017.

삼정KPMG경제연구원, 《저성장시대, 승자와 패자》, 원앤원북스, 2013.

서울산업진흥원, 《씨이오톡(CEO TOK)》, 클라우드나인, 2016.

신현호, 《나는 감이 아니라 데이터로 말한다》, 한겨레출판, 2019.

안자이 히로유키, 이서연 옮김, 《세계 시장을 지배하는 작은 기업들은 어떤 생각을 할까》, 비즈니스북스, 2015.

양병무, 《좋아하는 일 하면서 먹고살기》, 비전과리더십, 2009.

오강선, 《하버드 시대의 종말과 학습 혁명》, 클라우드나인, 2020.

원석연, 《이미 일어난 스마트 시대의 미래》, 코코넛북스, 2019.

이장우, 《인공지능이 나하고 무슨 관계지?》, 올림, 2019.

이지성, 《에이트》, 차이정원, 2019.

조병학·박문혁, 《2035 일의 미래로 가라》, 인사이트앤뷰, 2017.

조연심, 《퍼스널 브랜딩에도 공식이 있다》, HCbooks, 2020.

조훈, 《다르게 배워야 다르게 성장한다》, 새빛, 2020.

진병호·정재은·정소원·양희순, 《브랜드, 세계를 삼키다》, 이담북스, 2015.

최은수, 《4차 산업혁명 그 이후 미래의 지배자들》, 비즈니스북스, 2018.

최재붕, 《포노사피엔스》, 샘앤파커스, 2019.

최재천·장하준·최재붕·홍기빈·김누리·김경일·정관용, 《코로나 사피엔스》, 인플루엔셜(주), 2020.

크레이그 맥클레인, 이우현 감수, 《이미 와 있는 미래》, 서린, 2018.

클라우스 슈밥, 송경진 옮김, 《클라우스 슈밥의 제4차 산업혁명》, 메가스터디북스, 2016.

토마스 프레이, 이지민 옮김, 《에피파니 Z》, 구민사, 2017.

한경잡앤조이 취재편집부, 《하마터면 대학 갈 뻔 했잖아》, 한국경제매거진, 2020.

한국경제TV산업팀, 《세상을 마꾸는 14가지 미래기술》, 지식노마드, 2016.

한국산업기술평가관리원, 《글로벌 강소기업의 성공 DNA》, ㈜휴먼컬처아리랑, 2015.

허태균, 《어쩌다 한국인》, 중앙books, 2015.

홍성훈, 《다중지능혁명》, 랜덤하우스코리아, 2009.

기관 발간자료

유한구·김영식, 〈PISA2012와 PIAAC 분석을 통한 우리나라 청소년과 성인의 교육효율성 분석〉, 《KRIVET Issue Brief》116호, 2017. 01. 30.

신문

김기찬, 〈5년 뒤 일할 사람 못구할 수도… 2028년까지 260만명 줄어〉, 《중앙일보》, 2019년 12월 18일.

박경식, 〈"로봇·컴퓨터와 친해져라"⋯미래는 1인 창업시대〉, 《글로벌이코노믹》,
2015년 9월 30일.

박재형, 〈올해 2분기 한국경제 성장률 −3.3%⋯22년래 최저〉, 《뉴시안》, 2020년
7월 23일.

백주연, 〈[대기업 취업 아니면 어때] 일하기 괜찮은 기업 선별하는 세가지 방법〉,
《서울경제》, 2018년 7월 7일.

손일선·정석우, 〈[단독] 정부, 단계적 정년연장 로드맵 수립 착수〉, 《매일경제》,
2019년 6월 9일.

손해용, 〈정규직 35만 줄고 비정규직 86만 폭증했다⋯文 일자리 대참사〉, 《중앙
일보》, 2019년 10월 29일.

안정준, 〈[MT리포트] 1년차 퇴사율 절반 시대⋯"개선 기회는 많았다"〉, 《머니투
데이》, 2019년 12월 1일.

이광호, 〈2020년 중견기업 5500개로 확대⋯신규 일자리 13만개 창출〉, 《아시아
경제》, 2018년 2월 5일.

이다겸, 〈방탄소년단 지민, 男그룹 브랜드 평판 1위⋯정국 2위·윤두준3위〉, 《매
일경제》 스타투데이, 2020년 8월 15일.

이명철, 〈공무원 시험 올인하다 알바 전락⋯대졸 비정규직 254만명 '사상최대'〉,
《이데일리》, 2020년 1월 28일

이상현, 〈신입사원 채용방식 '역전'⋯하반기, 공채보다 수시가 많아〉, 《매일경제》,
2020년 8월 24일.

이한듬, 〈'중2병'보다 무서운 '대2병'⋯대학생 64.6%, "취업·진로에 불안"〉, 《머니
S》, 2019년 4월 24일.

임우선, 〈중위권 학생 확 줄고 하위권 급증⋯"교사 생활 15년만에 처음"〉, 《동아
일보》, 2020년 7월 21일.

주문정, 〈21개 월드클래스 기업, 올해 고졸인재 155명 채용〉, 《지디넷코리아》,
2020년 5월 26일.

최규민, 〈말라버린 젊은 일자리⋯청년 취업자 '세번의 눈물'〉, 《조선일보》, 2019년
7월 17일.

최병일, 〈청년실업 높은 이유가 '좋은 직장만 찾아서'라고?〉, 《매일경제》, 2019년
8월 1일.

누리집

고용노동부 직업능력지식포털(HRD-Net) http://www.hrd.go.kr

국가통계포털(KOSIS) https://kosis.kr/index/index.do

네패스 http://www.nepes.co.kr

다인정공 http://www.dine.co.kr

대한상공회의소 http://www.korcham.net/nCham/Service/Main/appl/Main.asp

민간자격 정보서비스 http://www.pqi.or.kr

서린바이오사이언스 https://www.seoulin.co.kr

오토닉스 https://www.autonics.com

워크넷 http://www.work.go.kr

월드클래스기업협회 https://worldclass300.org/

이노비즈협회 http://www.innobiz.or.kr

이오테크닉스 http://www.eotechnics.com

일하기 좋은 중소기업 https://goodcompany.korcham.net

중견기업 정보마당 http://www.mme.or.kr

중소기업현황정보시스템 http://sminfo.mss.go.kr

중소벤처기업부 https://www.mss.go.kr

청년친화강소기업 http://www.work.go.kr/jobyoung/smallGiants/
    smallGiantsMain.do

한국강소기업협회 http://www.kssba.or.kr

한국산업인력공단 큐넷 http://www.q-net.or.kr

한국장학재단 http://www.kosaf.go.kr

한국중견기업협연합회 https://www.fomek.or.kr

EBS 다큐

세계의 교육현장 〈마이스터, 대를 잇는다 – 독일의 직업 학교〉(2010. 3. 4)

세계의 교육현장 〈핀란드의 평등교육, 단 한 명도 포기하지 않는다!〉(2010. 4. 13)

SBSCNBC 뉴스

〈세계일류상품 만든 기업 116곳 추가 선정…"수출 버팀목"〉(2019. 11. 21)